planejamento urbano • Fábio Duarte

Rua Clara Vendramin, 58 • Mossunguê
CEP 81200-170 • Curitiba • PR • Brasil
Fone: (41) 2106-4170
www.intersaberes.com
editora@intersaberes.com

conselho editorial •	Dr. Alexandre Coutinho Pagliarini
	Drª Elena Godoy
	Dr. Neri dos Santos
	Dr. Ulf Gregor Baranow
editora-chefe •	Lindsay Azambuja
gerente editorial •	Ariadne Nunes Wenger
assistente editorial •	Daniela Viroli Pereira Pinto
preparador de originais •	André Pinheiro
capa •	Denis Kaio Tanaami
fotografias e projeto gráfico •	Raphael Bernadelli
diagramação •	Katiane Cabral
	Mayra Yoshizawa

Dado internacionais de Catalogação na Publicação (CIP)
(Câmara Brasileira de Livro, SP, Brasil)

✦ ✦ ✦

Duarte, Fábio
    Planejamento urbano/Fábio Duarte. Curitiba: InterSaberes, 2012. (Série Gestão Pública)

    Bibliografia.
    ISBN 978-85-8212-349-2

    1. Cidades – Administração 2. Crescimento urbano 3. Planejamento urbano 4. Política urbana I. Título II. Série.

12-09059   CDD-307.76

✦ ✦ ✦

    Índices para catálogo sistemático:
    1. Cidades: Planejamento: Sociologia urbana 307.76

1ª edição, 2012

Foi feito depósito legal

Informamos que é de inteira responsabilidade do autor a emissão de conceitos.

Nenhuma parte desta publicação poderá ser reproduzida por qualquer meio ou forma sem a prévia autorização da Editora InterSaberes.

A violação dos direitos autorais é crime estabelecido na Lei nº 9.610/1998 e punido pelo art. 184 do Código Penal.

✦ ✦ ✦

Sumário

Apresentação, 12
Como aproveitar ao máximo este livro, 16

capítulo um   Planejamento urbano, 21

capítulo dois   Dimensões do planejamento urbano, 61

capítulo três   Plano diretor – um instrumento de planejamento urbano, 81

capítulo quatro   Conceitos e instrumentos de planejamento urbano, 111

capítulo cinco   Serviços e infraestrutura, 137

capítulo seis   Mobilidade urbana, 153

capítulo sete   Desafios do planejamento na sociedade atual, 171

Para concluir, 188
Referências, 192
Respostas, 196
Sobre o autor, 199

Dedicatória

Dedico esta obra a Iolene Cordeiro.

Agradecimentos

Agradeço aos colegas dos cursos de Arquitetura e Urbanismo e do mestrado em Gestão Urbana da Pontifícia Universidade Católica do Paraná, em Curitiba, com quem tenho aprendido muito.

Agradeço a Vanessa e a Valentina pela compreensão em relação às horas em que, dedicado à pesquisa e à redação deste livro, estive ausente.

Apresentação

O planejamento urbano não pode ser restrito a uma disciplina específica. Ninguém no Brasil se forma planejador urbano, torna-se planejador urbano.

Isso acontece na ocasião em que o futuro planejador urbano for lidar com conhecimentos e metodologias que abrangem sociologia, economia, geografia, engenharia, direito e administração, ou, melhor, quando for apto a lidar com profissionais dessas diferentes áreas, que aportam conhecimentos essenciais, quando pretender transformar a realidade de uma cidade.

Como você deve saber, uma parcela significativa da população mundial mora nas cidades. Por isso, é preciso planejá-las para que se tornem lugares seguros e agradáveis para viver, incluindo as oportunidades de desenvolvimento social, cultural e econômico. Esse é o principal desafio para o planejador urbano.

Esse cenário de crescimento da população urbana também é realidade no Brasil, país que no início do século XXI criou um dos instrumentos legais mais importantes para se lidar com os problemas urbanos: o Estatuto da Cidade – lei federal que contém diretrizes sobre o que deve e pode ser feito para que nossas cidades sejam cada vez melhores. Porém, como sabemos, para que os méritos das leis sejam concretizados, é preciso que os profissionais saibam utilizá-las com eficiência e, desse modo, a sociedade seja beneficiada.

Neste livro, apresentamos a você alguns princípios conceituais do que é planejamento urbano, quais as dimensões que ele envolve – da dimensão ambiental à social, da infraestrutural à econômica. Passaremos, também, pelos principais aspectos trazidos pelo Estatuto da Cidade, por ser esta a lei federal fundamental para o planejamento urbano no Brasil, e concluiremos com alguns desafios que se apresentam a todos aqueles que se dedicam a entender as cidades, bem como a nelas intervir.

✦ ✦ ✦

Como aproveitar ao máximo este livro

Este livro traz alguns recursos que visam enriquecer o seu aprendizado, facilitar a compreensão dos conteúdos e tornar a leitura mais dinâmica. São ferramentas projetadas de acordo com a natureza dos temas que vamos examinar. Veja a seguir como esses recursos se encontram distribuídos no projeto gráfico da obra.

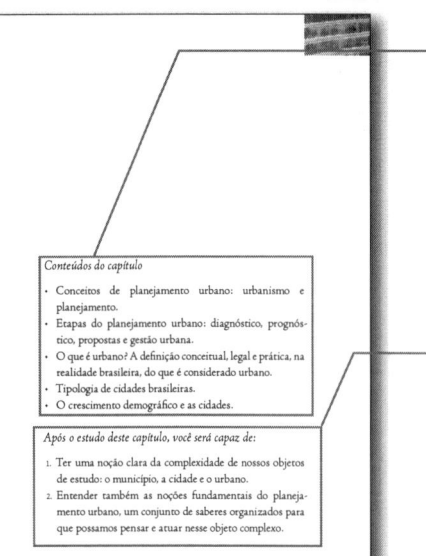

Conteúdos do capítulo

Logo na abertura do capítulo, você fica conhecendo os conteúdos que serão nele abordados.

Após o estudo deste capítulo, você será capaz de:

Você também é informado a respeito das competências que irá desenvolver e dos conhecimentos que irá adquirir com o estudo do capítulo.

Síntese

Você dispõe, ao final do capítulo, de uma síntese que traz os principais conceitos nele abordados.

Questões para revisão

Com estas atividades, você tem a possibilidade de rever os principais conceitos analisados. Ao final do livro, os autores disponibilizam as respostas às questões, a fim de que você possa verificar como está sua aprendizagem.

> dotado de infraestruturas, serviços e organização político-administrativa. Apesar de semelhantes, urbano, cidade e município são faces complementares desse objeto complexo. Urbano é o fenômeno econômico e social que gera uma determinada organização espacial: a cidade. O município é a escala político-administrativa adotada em diferentes países, como o Brasil, para o planejamento e a gestão desse fenômeno socioeconômico e dessa organização espacial.
>
> *Questões para revisão*
>
> 1. Leia as afirmações e verifique se são verdadeiras ou falsas:
>   a) O município é a principal unidade político-administrativa do Brasil.
>   b) Os estados são formados pela reunião de municípios, sendo estes as únicas unidades político-administrativas do Brasil.
>   c) O município é uma das quatro unidades político-administrativas do Brasil, junto com a União, o Distrito Federal e os Estados.
>
>   Qual alternativa a seguir é a correta?
>   a) Verdadeira; Verdadeira; Verdadeira.
>   b) Verdadeira; Falsa; Falsa.
>   c) Verdadeira; Verdadeira; Falsa.
>   d) Falsa; Falsa; Verdadeira.
>
> 2. Assinale a alternativa cujos termos completam corretamente as afirmações a seguir:

Questões para reflexão

Nesta seção, a proposta é levá-lo a refletir criticamente sobre alguns assuntos e trocar ideias e experiências com seus pares.

> 4. Em qual unidade da organização político-administrativa da República Federativa do Brasil é definido o perímetro urbano?
>
> 5. Qual a principal motivação para que os municípios brasileiros busquem ampliar o perímetro urbano?
>
> *Questão para reflexão*
>
> Olhe para a sua região e selecione um grupo de cinco municípios, com tamanhos distintos. É possível homogeneizar conceitualmente a sua análise? Todos esses municípios fazem parte de um mesmo fenômeno de urbanização nacional? Ou são apenas agrupamentos sociais que, embora estejam organizados como municípios, guardam ainda características rurais preponderantes?

capítulo um

Planejamento urbano

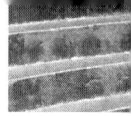

Conteúdos do capítulo:

- Conceitos de planejamento urbano: urbanismo e planejamento.
- Etapas do planejamento urbano: diagnóstico, prognóstico, propostas e gestão urbana.
- O que é urbano? A definição conceitual, legal e prática, na realidade brasileira, do que é considerado urbano.
- Tipologia de cidades brasileiras.
- O crescimento demográfico e as cidades.

Após o estudo deste capítulo, você será capaz de:

1. ter uma noção clara da complexidade de nossos objetos de estudo: o município, a cidade e o urbano.
2. entender também as noções fundamentais do planejamento urbano, um conjunto de saberes organizados para que possamos pensar e atuar nesse objeto complexo.

O planejamento urbano ganhou especial destaque no Brasil depois da aprovação da Constituição da República Federativa do Brasil, de 1988, quando o município obteve autonomia e relevo no mapa administrativo brasileiro.

O art. 18 da Constituição* diz que "*a organização político-administrativa da República Federativa do Brasil compreende a União, os Estados, o Distrito Federal e os Municípios, todos autônomos, nos termos desta Constituição*".

Para entendermos o significado do termo *planejamento urbano*, é fundamental fazermos uma relação entre os conceitos correspondentes aos termos *planejamento* e *urbano*. Somente depois de estarmos com esses conceitos bem claros é que poderemos aprofundar os conhecimentos sobre o assunto e propor soluções para problemas que são próprios de nossas cidades.

1.1 Conceito de planejamento urbano

O conceito de *planejamento urbano* sempre esteve relacionado a outros termos, como *desenho urbano, urbanismo* e *gestão urbana*. Todos esses vocábulos, apesar de serem distintos, têm algo em comum: o seu objeto de estudo é a cidade, considerada tanto em relação a suas características físicas quanto sociais, culturais e econômicas. Nesse contexto, podemos dizer que a expressão

◆ ◆ ◆

* Ao longo desta obra, via de regra, nos referiremos a
Constituição da República Federativa simplesmente
como Constituição, por ser a lei maior
que ora vigora no Brasil, a nossa
Carta Magna.

planejamento urbano, dentre os termos que citamos anteriormente, é a que comporta um conceito mais amplo. No entanto, aqui, não cabe nos determos nessas diferenças, principalmente se pensarmos na situação de nosso país. Souza (2002, p. 56) ressalta que até a tradução de um dos clássicos do urbanismo, o livro *Manière de Penser l'Urbanisme*, de Le Corbusier, traz essa confusão semântica, pois ele foi traduzido para o português como *Planejamento urbano*. Em relação a essa situação, o autor citado busca esclarecer que a origem do termo *urbanismo* está mais ligada às características físico-territoriais das cidades, por isso mesmo esse vocábulo é mais usado pelos arquitetos.

Assim, o urbanismo estaria mais ligado ao desenho da cidade, tanto na escala de espaços amplos e de ordenação territorial quanto na escala do desenho de mobiliário urbano e espaços intraurbanos. Já o planejamento urbano sugere "um contexto mais amplo que aquele representado pelas expressões Urbanismo e Desenho Urbano" (Souza, 2002, p. 58). Nesse sentido, Clovis Ultramari (2009) coloca o urbanismo ligado ao ato de *intervir*, consequência de uma ação anterior, o *ato de planejar*, que está relacionado ao planejamento urbano. Considerando que mudanças concretas na cidade podem alterar as relações econômicas, sociais e culturais, cabe ao planejamento urbano antever essas modificações na organização espacial da cidade.

> O importante para entendermos o planejamento urbano é que ele não pode ser restrito a uma disciplina específica. Nesse sentido, o campo se abre para conhecimentos e metodologias que abrangem aspectos da sociologia, da economia, da geografia, da engenharia, do direito e da administração.

Um dos planejadores urbanos mais importantes do Brasil e produtivo pensador sobre a cidade, Jorge Wilheim (1979, p. 175), também coloca, por vezes, esses termos como sinônimos quando diz que

> o objetivo do urbanismo é analisar criticamente a realidade do espaço da vida urbana, oferecer uma visão desejável e possível, propor e instrumentar uma estratégia de mudança. Esta estratégia deveria ser acompanhada pelos instrumentos necessários para induzir e conduzir a alteração de realidade proposta.

O importante para que você entenda o planejamento urbano é que ele não pode ser restrito a uma disciplina específica. Nesse sentido, o campo se abre para conhecimentos e metodologias que abrangem aspectos da sociologia, da economia, da geografia, da engenharia, do direito e da administração. Esta última área está sendo cada vez mais valorizada por trazer instrumentos novos à gestão das cidades.

Mas, como dissemos, não nos aprofundaremos na discussão semântica sobre planejamento urbano e seus termos correlatos; antes, o que queremos é apresentar algumas etapas que são comuns a todo planejamento. Afinal, podemos definir *planejamento* como o conjunto de medidas tomadas para que sejam atingidos os objetivos desejados, tendo em vista os recursos disponíveis e os fatores externos que podem influir nesse processo. Nesse sentido, podemos dizer que o planejamento reconhece, localiza as tendências ou as propensões naturais (locais e regionais) para o desenvolvimento, bem como "estabelece as regras de ocupação de solo, define as principais estratégias e políticas do município e explicita as restrições, as proibições e as limitações que deverão ser observadas para manter e aumentar a qualidade de vida para seus munícipes" (Rezende; Castor, 2006, p. 1).

Com base nos conceitos apresentados anteriormente, é importante observarmos alguns aspectos do planejamento que devem ser levados em consideração, ou seja, sabermos o que é preciso para que os objetivos do planejamento sejam atingidos, além de estarmos conscientes sobre os meios de que dispomos para realizá-los.

Para que possamos atingir os objetivos do planejamento, precisamos saber: quais são esses objetivos; quais são os recursos de que dispomos; sob qual contexto pretendemos atingir os objetivos. A falha em qualquer desses aspectos pode inviabilizar um planejamento.

Não é raro encontrarmos um processo de planejamento com abundância de dados, envolvimento de profissionais de alto nível, instrumentos e metodologias de excelente qualidade, mas que não responde a uma pergunta básica: *para quê?*

Notamos, assim, que os objetivos de um planejamento são fundamentais, pois são eles que:
- motivam a equipe durante a elaboração do planejamento, incentivando a busca por soluções inovadoras;
- servem de filtro para determinar qual a amplitude e a profundidade que são necessárias nas informações requeridas;
- são balizas que orientam, quando da execução do plano, os procedimentos de ajustes provocados pelas inevitáveis alterações do contexto externo.

Outro aspecto fundamental para o planejamento é a consciência de quais recursos dispomos. Esses recursos envolvem também os financeiros, afinal, são eles que permitem contar com profissionais e instrumentos de alto nível. Queremos destacar, porém, os recursos que são próprios de um contexto e que não podem ser trazidos de outro lugar. Por exemplo, não há como imaginar que, por nevar alguns dias por ano, o potencial econômico de São Joaquim, na serra catarinense, sejam os esportes de inverno. Apostar nisso significaria um desperdício enorme de recursos financeiros para tentar atingir um objetivo impossível. Não obstante, é possível (como de fato se faz) potencializar os atrativos dos contados dias de neve na cidade para motivar o turismo na região.

Portanto, muitas vezes, a real possibilidade de atingir os objetivos de um plano independe dos recursos que possuímos e da qualidade dos instrumentos legais e administrativos disponíveis construídos no âmbito das cidades, pois tal projeto depende de decisões e de atos ligados a esferas econômicas e legais de níveis estadual e federal. Assim, a concretização dos objetivos fica distante das reais possibilidades de intervenção de um determinado planejamento municipal – como quando regiões com alto potencial turístico não conseguem desenvolver-se, pois a acessibilidade pelas estradas estaduais ou federais é precária. A análise do contexto, portanto, é fundamental para que o planejamento tenha sucesso.

> Muitas vezes, a real possibilidade de atingir os objetivos de um plano independe dos recursos que possuímos e da qualidade dos instrumentos legais e administrativos disponíveis construídos no âmbito das cidades.

1.2 Etapas do planejamento urbano

Uma vez que falamos em *etapas* do planejamento e não em *partes* do planejamento, é porque existe uma diferença básica entre esses termos. O planejamento é um processo cujo resultado, sempre parcial, é o plano. O plano tem *partes*; o planejamento, *etapas* – incluindo uma essencial que é a permanente gestão, o que implica que ele passe por adaptações, atualizações e alterações.

Algumas etapas do planejamento urbano são gerais. Encontraremos variações de nomenclatura em diferentes autores e documentos, mas todos seguem aproximadamente as mesmas fases, as quais invariavelmente são atravessadas pela questão básica do planejamento: *quais são os seus objetivos?*

Considerando esse contexto, para termos uma visão basilar do assunto, vamos conhecer cada uma dessas etapas, que são: diagnóstico, prognóstico, propostas e gestão.

a) Diagnóstico

Alguns pesquisadores e profissionais preferem que o processo de planejamento tenha início com o inventário, o levantamento de dados sobre determinada realidade. No entanto, preferimos incluir o inventário na etapa chamada *diagnóstico*.

Inventariar compreende a coleta e a organização de dados sobre uma determinada área geográfica e um determinado assunto. Parte desses dados é intrínseca à região estudada (como o número de habitantes); outra mostra a relação que esta possui com outras unidades geográficas (porcentual dos habitantes que não são nativos). Nos dois casos, o assunto é demográfico.

O diagnóstico é a análise de uma situação, compondo um cenário da realidade existente. Desse modo, toda análise depende de dados disponíveis ou a serem coletados. Portanto, consideramos o inventário parte integrante do processo de diagnóstico. Isso porque no diagnóstico há uma intenção já definida, mesmo que subjacente.

Assim, se fizermos a análise da composição populacional de uma cidade, tendo como objetivo o planejamento urbano, precisaremos saber o número de habitantes da cidade, qual a taxa de crescimento da população nos últimos anos, a composição etária, o grau de escolaridade etc., mas não nos interessa saber, por exemplo, para que times torcem os habitantes ou quantos deles bebem cerveja. Estas duas últimas informações são irrelevantes para o diagnóstico da cidade se o objetivo for planejamento urbano. Nesse caso, não é preciso obter esses dados, embora eles possam ser fundamentais se o objetivo for outro, como o de criar campanhas de *marketing* para uma marca regional de cerveja.

Dizemos isso porque, para fazer o inventário de uma realidade, não partimos da coleta de dados, mas, sempre, da pergunta transversal ao planejamento: *para quê?* E, quando respondemos a essa pergunta (para um plano de desenvolvimento socioeconômico local, por exemplo), já lançamos as bases analíticas que devem ser utilizadas. Nesse processo, a análise da situação atual de uma cidade (aqui sempre deve estar incluído como ela chegou à condição em que se encontra) é feita com os dados que já estão à disposição.

Sob essas circunstâncias de atuação, poderemos verificar que são muito diferentes as necessidades que devem ser atendidas e as suas possibilidades de desenvolvimento, se, por exemplo, observarmos duas cidades vizinhas. Embora elas partilhem do mesmo contexto macroeconômico e, ambas, tenham 30 mil habitantes, podemos observar, no entanto, que a população de uma delas cresceu 4% ao ano, no último decênio, e a da outra caiu 1% ao ano. Diante desse quadro, algumas perguntas precisam ser respondidas: A tendência de crescimento populacional da primeira cidade está se refletindo no dinamismo econômico e pode ser mantida? Pode ser revertida a tendência de queda populacional da segunda?

Normalmente, três procedimentos são feitos na etapa do diagnóstico, com o objetivo de identificar quais são as condicionantes, as potencialidades e as deficiências de uma região. Esses três procedimentos aparecem resumidos pelas iniciais *CPD* e têm lastro nas palavras cujas iniciais constituem o termo inglês da análise *SWOT*: forças (*strengthness*), fraquezas (*weakness*), oportunidades (*opportunities*) e ameaças (*threats*). O esquema CPD é bastante eficaz, pois dirige os procedimentos de coleta e de análise de uma situação para as propostas e para a gestão, como mostra a Figura 1.

b) Prognóstico

É importante chegarmos ao final do diagnóstico conhecendo com segurança como a cidade está hoje e como ela chegou a este ponto. Aí devem estar incluídos aspectos demográficos, físico-territoriais, legais, sociais e econômicos.

Lembra Wilheim (1979, p. 38) que o planejamento só existe para propor "instrumentos para conhecer, estimular e induzir constantemente os cidadãos e as organizações a transformar suas vidas e sua ação".

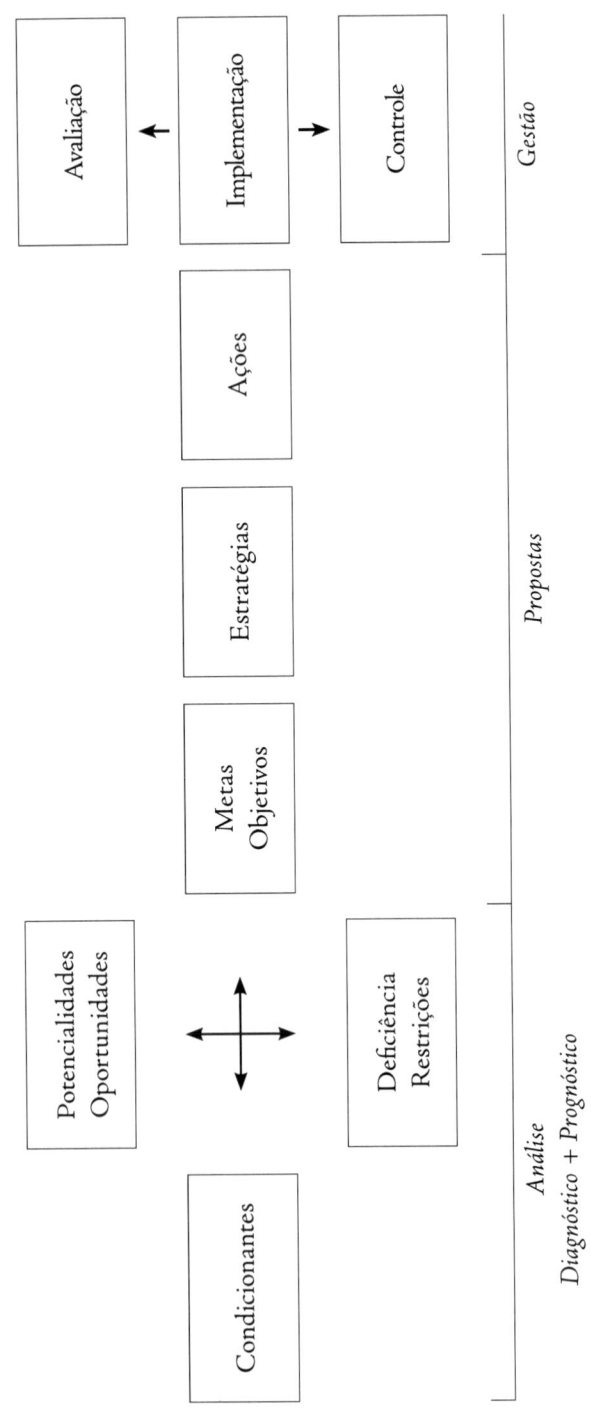

Figura 1 – Esquema de análise CDP

✦ ✦ ✦
Então, a próxima pergunta a que devemos responder é a seguinte: considerando a situação atual da cidade, sua história e suas tendências, se nada for feito, como esta cidade será amanhã? Essa etapa do planejamento é chamada de *prognóstico*.

✦ ✦ ✦

Não se trata de futurologia ou de *achismos*. No entanto é inegável (e seria ingênuo imaginar o contrário) que muitas vezes as previsões, mesmo as mais cautelosas, sejam contraditas por mudanças bruscas na realidade. Se tomarmos anos do censo como parâmetro, houve, em 1991, diversos prognósticos sobre a situação socioeconômica em que o país se encontraria em 2000 – ano do censo seguinte. No entanto, nenhum deles contou com a possibilidade de uma mudança estrutural como a do Plano Real e a consequente relativa estabilização econômica e monetária do país. Essas mudanças profundas, mesmo quando em escalas maiores que as da cidade, afetam a vida urbana e são imprevisíveis. Nem por isso o prognóstico, que pode ser completamente refutado anos depois pela realidade, é uma fase que deve ser desmerecida.

Afinal, o princípio básico da cidade é o de ser um organismo vivo, isso porque provoca suas próprias transformações internas, bem como pelo fato de se alterar em função das relações que têm com o exterior, em diferentes escalas. Sob esse prisma, o planejamento urbano não pode pautar-se exclusivamente pelo presente que fica retratado no diagnóstico, pois ele acontece quando são buscadas soluções e alternativas não para a situação atual, mas para *a situação que deverá ser*.

Sendo assim, o que podemos fazer para que os prognósticos positivos de fato se realizem e para evitar que ocorram os negativos? Ou o que fazer para mudar o destino de alguns aspectos? Esse processo considera que daqui a 5, 10, ou 20 anos a *cidade deverá estar* assim, ou seja, de acordo com o que atualmente está sendo planejado. Nessas circunstâncias, a última pergunta é a chave do planejamento, a qual, como sempre, pode ser resumida em: *para quê?*

O planejamento traz conceitos, metodologias e instrumentos para fazer de um *futuro previsível* um *futuro possível*, desejado. Nesse sentido, toda a fase do diagnóstico serve ao planejamento urbano como a base segura para se prever a realidade com a qual se deve trabalhar – uma base segura para se fazer um prognóstico.

♦ O princípio básico da cidade é o de ser um organismo vivo, isso porque provoca suas próprias transformações internas, bem como pelo fato de se alterar em função das relações que têm com o exterior, em diferentes escalas. ♦

c) Propostas

As propostas partem do resultado de um processo de planejamento urbano e são elas que transformam um futuro *previsível* em um futuro *possível*. Nessas propostas entram aspectos de obras de infraestrutura que sirvam ao desenvolvimento econômico de uma região ou à melhoria da qualidade de vida da população de um bairro, com tendências a crescer além do que a situação atual comportaria; mudanças nas leis que regulam a ocupação do solo para evitar que áreas de mananciais sejam ocupadas e estimular que outras regiões cresçam mais do que hoje é permitido; criação de formas alternativas de participação do cidadão no dia a dia da cidade, para que ele seja corresponsável pela qualidade de vida urbana.

As propostas têm dois vetores que muitas vezes são conflitantes e devem ser unidos a um terceiro. De um lado temos o *vetor previsível*, como visto, resultado do prognóstico, que nos diz que, devido à situação atual e às tendências (isso em razão do histórico da cidade ou do contexto externo), a cidade deverá ser assim. De outro lado, temos o *vetor desejável*. Este, muitas vezes, vem apenas reforçar o previsível ou lhe fazer pequenos ajustes, e o planejamento deve preocupar-se apenas com a questão de não alterar o encaminhamento esperado. Mas, na maioria das vezes, o desejável não é sequer vislumbrado pelos dados do diagnóstico e pelas previsões do prognóstico. O desejável quase sempre apresenta duas características: as perspectivas e as visões.

O desejável pautado pelas perspectivas ocorre quando nem o diagnóstico, nem o prognóstico apontam para determinada direção, mas algumas pessoas (por vezes o corpo técnico envolvido no planejamento, por vezes um político, outras vezes, ainda, um empresário local), analisando um cenário mais amplo, percebem que algumas características do município, se trabalhadas, podem mudar o rumo do seu desenvolvimento socioeconômico.

◆ Não é preciso viajar muito nem citar qualquer exemplo, para encontrarmos nas cidades brasileiras obras opulentas em que milhões de reais foram gastos na expectativa de atrair milhares de pessoas e, no entanto, até hoje estão vazias. São os famosos *elefantes brancos*. ◆

Vejamos o caso de Brotas, no interior de São Paulo, com pouco mais de 20 mil habitantes, em 2005, e com a economia focada na agropecuária (cujo valor adicionado representa oito vezes o da indústria), e, portanto, sem grandes perspectivas de crescimento, se o seu prognóstico fosse feito nesses termos. Porém, nos anos 1990, houve a ascensão do ecoturismo, no qual as belezas naturais aliadas a esportes não convencionais (*chamados radicais*) juntaram-se, criando um importante nicho de mercado turístico no Brasil. Brotas – uma pequena cidade pitoresca, com suas corredeiras, cachoeiras e fazendas – viu nesse novo mercado em ascensão uma perspectiva de desenvolvimento socioeconômico e fez do ecoturismo um negócio rentável que emprega a população local.

O risco da saturação de mercado é inevitável. As perspectivas devem levar em conta os sinais de uma atividade em crescimento, as características do local e também a parcela do mercado que se pretende atingir. Esses itens são importantes porque, às vezes, a entrada do município em um mercado demanda algum investimento público. Nessas condições, caso ela seja tardia, não atinge o retorno esperado e compromete os esforços de transformação da base econômica por uma perspectiva vislumbrada como promissora.

Já o desejável é oriundo de visões e expectativas, e quase sempre vem de alguém ou de um grupo que pretende fazer uma transformação na dinâmica socioeconômica de uma cidade, mesmo que não encontre qualquer sustentação no diagnóstico, no prognóstico ou nas perspectivas reais. É um voluntarismo que por vezes dá certo, mas na maior parte das vezes fracassa. Os planejadores urbanos, trabalhando inevitavelmente com políticos, lidarão com isso. Não é preciso viajar muito, nem citar qualquer exemplo, para encontrarmos nas cidades brasileiras obras opulentas em que milhões de reais foram gastos na expectativa de atrair milhares de pessoas e, no entanto, até hoje estão vazias. São os famosos *elefantes brancos*.

Por vezes, contudo, essas visões modificam a imagem de uma cidade, tanto externamente quanto aquela que os próprios habitantes têm dela. Curitiba é notável por seu planejamento urbano e é conhecida no meio profissional a história de um governante que ficou famoso por sua ideia de projetar parques. Quando lhe perguntaram o motivo que o levou a pensar nesse projeto – sendo que Curitiba é uma cidade relativamente fria e chuvosa, e os curitibanos não frequentavam parques –, o governante respondeu "não frequentam parques porque eles não existem". Hoje, Curitiba é uma cidade famosa pelos parques, que diariamente são visitados por turistas e moradores da cidade.

Pois bem, as perspectivas e as visões são o vetor *desejável*, e estão de um lado, enquanto do outro está o vetor *previsível*: a cidade que deve acontecer, se a história e as tendências continuarem seu curso sem a intervenção da sociedade organizada através de um planejamento para alterar seu curso em relação aos seus objetivos, isto é, se as *tendências* forem deixadas trabalhando por si mesmas. Mas este último, o *previsível*, não nos interessa, pois, neste caso, o planejamento urbano não seria necessário.

Quanto ao primeiro, o *desejável*, por vezes ultrapassa as possibilidades da cidade. Cabe ao planejamento urbano, na etapa das propostas, buscar o vetor do possível através de alternativas que possibilitem a melhoria da qualidade de vida dos moradores, promovendo o desenvolvimento socioeconômico de uma cidade para desviar a rota do previsível, mesmo que não consiga contemplar todas as esperanças do desejável.

d) *Gestão urbana*

Os estudiosos de gestão urbana Claudio Acioly e Forbes Davidson a definem como "um conjunto de instrumentos, atividades, tarefas e funções que visam a assegurar o bom funcionamento de uma cidade". Os autores completam esse conceito dizendo que ela deve responder às necessidades e demandas da população e dos "vários agentes privados, públicos e comunitários, muitas vezes com interesses diametralmente opostos" (Acyoli; Davidson, 1998, p. 75), da forma mais harmoniosa possível.

Claro que, se há um plano urbanístico como resultado de um processo de planejamento, cabe à gestão urbana fazer com que ele se realize de modo eficaz e conforme o previsto. Porém, a realidade da cidade é dinâmica: continua a se alterar no momento seguinte à aprovação de um plano diretor. Por esta razão a gestão urbana utiliza instrumentos que permitem reenquadrar vetores de crescimento que não são desejáveis para o bom desenvolvimento socioeconômico urbano, bem como pode adaptar o plano para que dê conta da dinâmica da cidade.

Na gestão urbana, as leis que regulamentam as diversas propostas dos planos diretores, a clareza do provimento de recursos necessários, o corpo técnico capacitado para implementar e gerenciar as propostas e os fóruns para o envolvimento da sociedade civil organizada, com o intuito de corrigir rumos do desenvolvimento urbano, são fundamentais.

> Se há um plano urbanístico como resultado de um processo de planejamento, cabe à gestão urbana fazer com que ele se realize de modo eficaz e conforme o previsto.

Duas grandes inovações ocorreram na gestão urbana nos últimos anos. Uma delas aconteceu gradualmente com o fim da ditadura militar e com o ápice simbolizado pelos planos diretores estimulados pelo Estatuto da Cidade, que possibilitou o envolvimento mais efetivo da população na discussão e na elaboração dos planos urbanos, além de significar igualmente a corresponsabilidade dos munícipes nos processos para que os planos atinjam sucesso, etapas anteriormente circunscritas ao corpo técnico da prefeitura e de órgãos setoriais.

A outra inovação é com relação aos princípios da administração privada, sendo estes incorporados pela Administração Pública. Nesse caso, alguns princípios de *boa governança*, promovidos por agências internacionais, como o Banco Mundial, defendem a criação de uma estrutura política, administrativa e social estável, em que o conceito da *nova administração pública* (*New Public Management*) ganhou relevo. Essa nova administração tem como foco o gerenciamento eficiente na prestação de serviços para a melhoria da qualidade de vida dos cidadãos, incorporando conceitos, métodos e instrumentos da administração privada ao setor público. Em 1999, a Organização das Nações Unidas (ONU) publicou um documento (Larbi, 1999) onde via o NPM como uma ferramenta possível para enfrentar a crise do planejamento centralizado, hierarquizado e burocrático de forma mais dinâmica, com o gerenciamento de serviços públicos pautado pelos princípios do mercado. Não obstante, uma década depois, como lembra Leonardo Secchi (2009), quando da aplicação efetiva dessas novas ferramentas, diversos vícios de um planejamento burocrático permanecem inalterados, em vários casos.

Essas duas inovações, mesmo que por vezes conflitantes, encontram espaços cada vez maiores nas esferas públicas, independentemente da inclinação política e ideológica dos seus governantes. Desse modo, não se trata aqui de defender ou criticar tais inovações, mas ressaltar que o planejamento urbano contemporâneo no Brasil necessariamente deve incorporá-las as suas reflexões e ações.

1.3 O que é urbano?

Essa pergunta merece duas respostas: uma puramente conceitual, quase filosófica; outra – de caráter mais prático – pensando no significado de *urbano* no Brasil. Na primeira resposta, distinguiremos os conceitos de cidade e de urbano, com base em alguns pensadores que se destacaram ao discutir esse assunto no século XX. Na segunda resposta, buscaremos comparar o Brasil *urbano* e o Brasil *rural*.

O urbano e a cidade

Mesmo que muitas vezes os termos *urbano* e *cidade* sejam tomados como sinônimos, é justamente em suas diferenças conceituais que encontramos a riqueza dos argumentos que buscam definir o campo de pesquisa e o trabalho de urbanistas.

Ao dizer que "A cidade em que vivemos não é o reflexo fiel da sociedade no seu conjunto, mas um mecanismo mais rígido que serve para retardar e para amortecer as transformações em todos os outros campos, para fazer durar mais tempo a hierarquia dos interesses consolidados", Benévolo (1984, p. 131) apresenta sua reflexão sobre o que seja uma cidade. Com base nesse seu argumento, ao qual não devemos ligar imediatamente e de maneira inequívoca a organização social urbana e sua materialização em uma cidade, Lefèbvre apresenta uma discussão teórica aprofundada. Para este, *modernidade* e *contemporaneidade* são marcadas pelo que chama de *revolução urbana*, que englobaria o "conjunto das transformações que a sociedade contemporânea atravessa". Essas mudanças, segundo o autor, fazem parte de um processo de transição (de passagem). No caso, sair do período caracterizado pela predominância da temática referente ao crescimento e à industrialização (modelo, planificação, programação) para adentrar em um período em que a "problemática urbana prevalecerá decisivamente, em que a busca das soluções e das modalidades próprias à sociedade urbana passará ao primeiro plano" (Lefèbvre, 2002, p. 19).

♦ Para os profissionais que lidam com intervenção, planejamento e gestão urbanos, é por vezes difícil entender que a dinâmica urbana com a qual devem lidar nem sempre se manifesta diretamente nas formas legíveis da cidade.

A partir desse argumento, Lefèbvre contrapõe os termos *urbano* e *cidade*. Enquanto a *cidade* seria um *objeto definido e definitivo*, um campo de ações concretas, o *urbano* seria ao mesmo tempo a síntese teórica das questões que marcam a sociedade contemporânea e uma *virtualidade iluminadora*. Há, claro, um diálogo de coformação entre a sociedade urbana e a cidade, mas não um espelhamento (Lefèbvre, 2002, p. 19).

Para os profissionais que lidam com intervenção, planejamento e gestão urbanos, é por vezes difícil entender que a dinâmica urbana com a qual devem lidar nem sempre se manifesta diretamente nas formas legíveis da cidade. E, principalmente, que, mesmo que a escala de trabalho de planejamento urbano seja uma determinada região ou município, as dinâmicas socioeconômicas, políticas e culturais que configuram esses territórios não estão materializadas no território. Isso leva a um princípio conceitual importante para o trabalho de planejamento urbano: não importa a escala do território trabalhado, o planejador urbano deve ter consciência de que suas ações na *cidade* serão influenciadas e influenciarão o *urbano* – um plano de questões que nem sempre são apreendidas na face concreta da cidade.

O urbano e o rural: é possível essa distinção?

Na economia brasileira, a grande revolução dos últimos 20 anos foi o chamado *agronegócio*, que não deixou mais espaço para aquelas paisagens agrárias ligadas ao atraso, como um estágio *pré-urbano*. Não, pelo contrário, são regiões com vocação agrícola que apresentam os mais altos índices de desenvolvimento econômico e

> É errado, se não pelo menos simplista demais, imaginar o futuro como uma grande mancha urbana física ocupando todas as partes do mundo.

de qualidade de vida. Porém, é inegável que isso aconteceu graças a inovações mecânicas, físico-químicas e biológicas. As inovações mecânicas têm alguma relação com a história da mecanização da produção no campo; já as inovações físico-químicas e biológicas ganharam impulso nas últimas décadas.

Em relação a essas inovações, por mais que sejam aplicadas no campo, nas regiões agrícolas, o desenvolvimento de pesquisas em ciência e tecnologia está intimamente ligado à realidade urbana. Os centros de excelência de pesquisa agrícola geralmente estão localizados em centros urbanos ou fazem parte de uma rede de instituições públicas e privadas dispersas pelo território nacional e internacional que corroboram a teoria da urbanização total de Lefèbvre (2002, p. 19). Isso não significa a eliminação da área agrícola, muito menos da rural (a primeira intrinsecamente produtiva, esta não).

É errado, se não pelo menos simplista demais, imaginar o futuro como uma grande mancha urbana física ocupando todas as partes do mundo. Não obstante, é ingênuo pensar que seja possível haver regiões agrícolas produtivas que não estejam influenciadas pelas inovações científicas e tecnológicas ligadas a uma dinâmica de pesquisa fundamentalmente urbana. É assim que devemos encarar: o mundo é urbano, e o planejamento urbano, mesmo tratando de localidades e municípios específicos, tem como plano conceitual as inter-relações que ocorrem em diversas áreas do conhecimento e em diversas escalas.

Nesta obra, contudo, vamos nos deter especificamente nos aspectos mais práticos do planejamento urbano. Claro que, por apresentarmos a complexidade que envolve a questão urbana, não poderíamos ter como objetivo apresentar um *Manual de planejamento urbano*. Tentaremos balancear aspectos mais práticos, aqueles que planejadores e gestores urbanos encontram em seu trabalho diário, com aspectos conceituais que os ajudem a enxergar esses aspectos práticos de modo mais amplo e aprofundado – e quem sabe, assim, eles possam trazer soluções inovadoras para as suas cidades.

1.4 O *Brasil urbano*

O Brasil é urbano. Essa afirmação pode ser facilmente apreendida pelos dados do Censo de 2000, do Instituto Brasileiro de Geografia e Estatística (IBGE, 2000a), que mostra que mais de 80% dos brasileiros são considerados população urbana. Esse número coloca o Brasil como o país mais urbanizado do mundo, à frente dos Estados Unidos ou do Japão – países com forte industrialização.

◆ ◆ ◆

> Aqui cabe uma reflexão: afinal, o que significa ser mais urbanizado que os Estados Unidos ou o Japão?

◆ ◆ ◆

A acelerada urbanização brasileira foi marcada por um intenso processo migratório, cuja característica torna por demais suave o que se lê nos livros escolares a respeito da migração campo-cidade. O fato é que esse processo migratório foi feito por "populações oriundas de regiões que ainda não superaram o patamar da economia de subsistência" (Gouvêia, 2005, p. 32). Isso fez com que nossas cidades crescessem, inchassem e apresentassem déficits de moradia, de infraestrutura e de serviços básicos* para atender toda essa população que chegou em busca de oportunidades em um mercado para o qual não estava capacitada profissionalmente.

Temos, assim, a primeira questão importante para o planejamento urbano, que é lidar com uma urbanização por inchaço, que causou, entre outros problemas, uma

◆ Os desafios para o planejamento urbano estão inseridos em fenômenos que ocorrem em diferentes escalas socioeconômicas. ◆

◆ ◆ ◆

* Na concepção aqui apresentada, serviços básicos são educação, saúde etc., sendo que nesse item podemos inserir também equipamentos cumprindo algumas dessas funções (postos, escolas). Já a infraestrutura abrange as redes técnicas que permitem o funcionamento de água, esgoto etc.

ocupação desordenada nos territórios urbanos, mesmo nas cidades que já tinham planos diretores. É o caso de Curitiba, que viu seus sucessivos planos diretores serem atropelados por uma ocupação muito mais acelerada do que era esperado. Além disso, desregrada, com milhares de famílias ocupando áreas que deveriam ser protegidas por sua importância ambiental, como as áreas de mananciais – que abasteceriam esta mesma população.

Essa urbanização acelerada nos remete às diferentes escalas do fenômeno urbano que incidem no processo de planejamento: nenhuma cidade, por maior poder de atrair moradores que pudesse ter, conseguiria (nem gostaria de) imprimir essa velocidade de crescimento se não fosse uma conjuntura de política de desenvolvimento nacional que privilegiasse a industrialização e a sua natural concentração em centros urbanos.

Os desafios para o planejamento urbano estão inseridos em fenômenos que ocorrem em diferentes escalas socioeconômicas. Esse processo pode ser resumido a partir da compreensão de que

> A dinâmica do crescimento das cidades, quase sempre desordenado e até mesmo caótico, foi demonstrando gradativamente a ineficiência dos inúmeros programas e projetos implementados em módulos isolados e desenvolvidos a partir da ideia equivocada de que a realidade urbana poderia ser dividida e tratada de maneira compartimentada e estanque, sem gerar maiores implicações sobre o sistema como um todo. (Gouvêia, 2005, p. 34)

No cenário brasileiro (um país em que 80% da população vive em cidades), outro desafio é saber como lidar com a diversidade inerente a um país com mais de 5 mil municípios, ao lado de 14 municípios com mais de 1 milhão de habitantes (entre eles São Paulo, com 11 milhões de habitantes, seguido pelo Rio de Janeiro, com 6 milhões). É importante lembrar que 90% dos municípios brasileiros não têm mais do que 50 mil habitantes e 70% têm menos de 20 mil habitantes, sendo que uma grande parte deles tem a economia fundada em atividades rurais.

Diversos pesquisadores e profissionais destacam a dificuldade de encarar tamanha diversidade, uma vez que sob os prismas legais, administrativos e tributários, eles são tratados sem especificidades pela Constituição de 1988.

Consciente desse problema, o Ministério das Cidades realizou um estudo sobre a tipologia das cidades brasileiras. Descontando o fato de que o trabalho foi concluído um ano antes de todos os municípios brasileiros com mais de 20 mil habitantes terem entregado seus planos diretores, é importante ressaltar a qualidade do estudo.

Ao criar uma tipologia dos municípios brasileiros o objetivo foi tornar clara a multiplicidade, ou seja, a enorme gama de variações que existe nas relações estabelecidas entre os espaços que denominamos cidades e os denominados territórios. Assim, com essa visualização das diferentes relações, é possível que se organize em harmonia "as políticas de desenvolvimento urbano e de desenvolvimento regionais, ambas levando em conta os desafios e as oportunidades decorrentes da diversidade do território brasileiro e das suas cidades" (Brasil, 2005, p. 6).

Devido à diversidade dos municípios brasileiros, o Ministério das Cidades os classificou em 19 tipos: quatro deles contendo cidades com mais de 100 mil habitantes; nove tipos com cidades entre 20 mil e 100 mil habitantes; seis tipos com cidades com população inferior a 20 mil habitantes.

Vamos destacar alguns desses tipos de municípios apenas com a intenção de mostrar como essa diversidade foi encarada.

Tipo 1: reúne os aglomerados urbanos mais prósperos, que se localizam no Centro-Sul do país. São 11 aglomerados urbanos que concentram 30% da população brasileira, mas, também, 25% do déficit habitacional do país. Uma das características desses aglomerados é a grande diferença entre os municípios centrais e os municípios que os cercam, embora sejam aqueles considerados periféricos os "responsáveis pelas altas taxas de crescimento populacional, pela elevação de distritos a municípios durante os anos 1990 e pela presença nas bordas das aglomerações de significativos contingentes de trabalhadores rurais" (Brasil, 2005, p. 14).

◆ Há aglomerados urbanos, mesmo em regiões com as mais altas taxas de urbanização do país, cuja característica, a que os une, é justamente a prosperidade econômica ligada à economia rural.

Tipos 5 e 6: reúnem os centros urbanos em áreas rurais prósperas, sendo que o tipo 5 apresenta moderada desigualdade social e o tipo 6, elevada desigualdade social. Os municípios do tipo 5 estão no interior do Estado de São Paulo, no norte do Rio Grande do Sul e no Paraná; já os do tipo 6 estão no oeste de São Paulo, no Triângulo Mineiro e na Campanha Gaúcha. Esses dois tipos foram destacados porque se verificou que há aglomerados urbanos, mesmo em regiões com as mais altas taxas de urbanização do país, cuja característica, a que os une, é justamente a prosperidade econômica ligada à economia rural.

A questão do Brasil rural em face ao Brasil urbano é a última que pretendemos discutir neste capítulo. Segundo o IBGE, os números da urbanização no Brasil colocam-no à frente de todos os outros países neste quesito. Considerando que essa posição indica que 100% de 1,5 milhões de recifenses moram na cidade, é claro que concordamos, pois isso reflete ao mesmo tempo a pulsão da economia urbana da capital pernambucana e também as mazelas ligadas a um nível total de população residindo na cidade. No entanto, se estivermos em Goiânia, sabendo que quase a metade de seu 1,2 milhão de habitantes vive no campo, podemos nos questionar até que ponto o Brasil pode ser encarado apenas como um país urbano. Não estariam esses dados distorcendo a realidade das cidades brasileiras e, consequentemente, de seus instrumentos de planejamento territoriais?

✦ ✦ ✦

Estudioso da contraposição entre um Brasil urbano e um Brasil rural, Veiga apresenta seu argumento partindo da apresentação de duas ideias que julga serem falsas: a primeira considera que a urbanização seria a única via de desenvolvimento possível; a segunda, que a ruralidade estaria fadada a desaparecer diante da avassaladora urbanização que toma conta do país.

✦ ✦ ✦

Contrariando a primeira *falsa ideia* apontada por Veiga (2004, p. 26), isto é, a de que *rural* seja sinônimo de *atraso*, temos o agronegócio, em crescimento e especialização desde o final dos anos 1980, que hoje responde por um terço do Produto Interno Bruto (PIB) brasileiro e que tornou o país o maior exportador mundial de suco de laranja, açúcar e etanol, bem como o segundo em produtos derivados da soja (farelo e óleo). Além disso, em outros produtos da agropecuária, o Brasil se sobressai ou é líder.

Esses produtos merecem destaque, pois, além de comporem parte expressiva do PIB, mostram que produtos agrícolas se beneficiam de inovações mecânicas, biológicas e físico-químicas.

Enfim, inovações tecnológicas e científicas que deveriam, primeiramente, *deixar por terra*, de uma vez por todas, a imagem de que o mundo rural é sempre mais atrasado do que o urbano; segundo, que os dois universos – o agrícola e o urbano –, por mais que isso possa parecer contraditório, estão entrelaçados na dinâmica socioeconômica do país. Isso é fato, já que essas inovações científicas e tecnológicas que modificam a paisagem da produção agrícola brasileira têm origem ou apoio em centros de pesquisas das cidades.

A força econômica da produção agrícola ligada a funções urbanas especializadas, entre elas a educação de alto nível e os centros de pesquisa científica e tecnológica, desencadearam fatores que se refletem, por exemplo, no aumento do número de cursos universitários relacionados à gestão do agronegócio (em 2000 eram apenas três, já em 2005 existiam 100). Resultados desse processo ou de circunstâncias, entre as tecnologias fundamentais para o avanço da competitividade do agronegócio brasileiro em escala mundial, podemos citar a tropicalização da soja, a incorporação do cerrado aos processos de melhoria do solo, a seleção de plantas forrageiras e a produção de álcool de cana-de-açúcar.

♦ ♦ ♦

> Esses são apenas alguns dados que mostram, ao mesmo tempo, a força econômica do rural e que descartam, portanto, a falsa ideia de que este seja um estágio anterior ao urbano, demonstrando, isso sim, que eles estão intimamente ligados.

♦ ♦ ♦

Quanto à segunda *ideia falsa*, anteriormente apontada, de que a ruralidade estaria fadada a desaparecer frente à avassaladora urbanização que toma conta do país, vemos que ela resulta de um único critério de classificação, o demográfico. Este considera apenas o número de pessoas que vivem na sede do município. Essa é uma excrescência legal oriunda da Lei nº 311, aprovado em 2 de março de 1938 e ainda vigente.

Em outros países, a classificação de um município como urbano é feita por critérios estruturais e funcionais. Nos critérios estruturais estão os dados demográficos, como o número de habitantes, eleitores e, principalmente, a densidade demográfica; nos critérios funcionais, encontra-se a presença de serviços básicos para a vida na cidade. Em Portugal, é preciso, para que um aglomerado populacional seja considerado cidade, que haja pelo menos metade dos seguintes serviços: hospital, farmácias, bombeiros, casa de espetáculos ou centro cultural, museu e biblioteca, hotel, escola de ensino médio, escola de ensino pré-primário e creches, transporte público, parques e jardins públicos (Veiga, 2004, p. 27). Isso fez com que Veiga, com base em dados do censo 2000, do IBGE, considerasse impróprio chamar de cidade 70% dos municípios brasileiros que, além de terem população inferior a 20 mil habitantes, não possuem infraestrutura básica ou serviços que caracterizariam a dinâmica socioeconômica como urbana. Há 90 cidades que contam com menos de 500 habitantes em sua área urbana – metade delas no Rio Grande do Sul (Veiga, 2004, p. 28).

Mesmo o Estatuto da Cidade, que discutiremos adiante, apresenta importante aval e avanço para os trabalhos de planejamento urbano no Brasil, embora não se proponha a redefinir o que é cidade, mantendo a anacrônica definição da Lei nº 311, de 1938, pelo qual, como dissemos, é população urbana aquela que vive na sede do município. E, sabendo que quem define os limites da sede é a Câmara Municipal, pela *Lei do Perímetro Urbano*, e que essa definição incide diretamente na aplicação dos dois diferentes impostos territoriais, o Imposto Predial Territorial Urbano (IPTU), controlado pelo município, e o Imposto Territorial Rural (ITR), sob controle federal, é fácil imaginar as vantagens que as câmaras enxergam em expandir as áreas urbanas.

> ◆ As vantagens orçamentárias de trans-ferirem um imposto federal (o ITR, rural) para um imposto municipal (o IPTU, urbano) fazem com que a legislação seja frontalmente desrespeitada, ou seja, que se criem perímetros urbanos ilusórios. ◆

Ainda que seja anacrônica, a Lei nº 311/1938 não é respeitada, causando ainda mais distorções. Blume (2004, p. 77) lembra que, de acordo com essa lei, "para que uma determinada área estivesse apta a pleitear a emancipação, o seu quadro urbano deveria abranger no mínimo 200 moradias para a cidade". No Estado do Rio Grande do Sul, 64% dos municípios que se emanciparam entre 1991 e 2000 não cumpriram esse requisito básico. Mas as vantagens orçamentárias de transferirem um imposto federal (o ITR, rural) para um imposto municipal (o IPTU, urbano) fazem com que a legislação seja frontalmente desrespeitada, ou seja, que se criem perímetros urbanos ilusórios.

Deixar que o próprio município defina se determinada área é rural ou urbana pode ainda ocasionar outro problema: com a única intenção de aumentar o recolhimento de impostos, há o risco de governos municipais transformarem áreas ricas em recursos naturais ou ambientalmente frágeis em áreas urbanas. Por exemplo, áreas de encostas mantêm-se relativamente estáveis ao terem vegetação. Quando transformadas em áreas urbanas, sua ocupação é aceita, o que acarreta um processo de desmatamento para a construção de imóveis. Sem a vegetação que sustenta a estrutura do terreno, ele se torna vulnerável a deslizamentos. As catástrofes humanas que vivemos anualmente no Brasil não são acontecimentos naturais, e sim um fenômeno urbano, de ganância imobiliária e desrespeito público que permite a ocupação de áreas ambientalmente vulneráveis.

1.5 O planejamento urbano em escala mundial

Apesar de o município ser a escala mais comum quando lemos ou ouvimos sobre planejamento urbano, ele afeta diversos aspectos de nossa vida social. E pensar em diferentes escalas também é essencial para fazer um bom planejamento urbano. Essa realidade de diversas escalas fica ainda mais forte quando lidamos com municípios de regiões metropolitanas. O conceito de metrópole tradicionalmente está ligado à "existência de um centro importante que desenvolve uma série de atividades urbanas sofisticadas e que exerce, através da economia, da política e da cultura, evidente influência sobre as cidades vizinhas" (Gouvêia, 2005, p. 130).

Fazendo uma perspectiva histórica, observamos que as primeiras oito regiões metropolitanas no país foram criadas em

1973. A consciência da interdependência entre municípios, que escapa à capacidade de legislação de cada município em particular, fez com que a Constituição da República Federativa do Brasil, de 1988, reconhecesse as regiões metropolitanas como uma realidade da dinâmica territorial de modo inequívoco quando, em seu art. 25, parágrafo 3º, diz ser atribuição dos estados instituir regiões metropolitanas.

♦ ♦ ♦

O desafio é que não há uma figura jurídica que seja responsável pela administração de cada região metropolitana, sendo que a autonomia continua a ser de cada município. Isso cria entraves quando há interesses distintos, por vezes opostos, entre municípios pertencentes a uma mesma região metropolitana.

♦ ♦ ♦

Tornando a figura ainda mais complexa, principalmente para as grandes cidades, vemos a composição de núcleos caracterizados por empresas de serviços e indústrias que atuam em escala global e que têm apenas uma inserção no município A ou B, mas cujos campos de ação são no âmbito internacional. Essa escala, apesar de crescente, não afeta a todos os municípios. Porém, a escala nacional e a escala estadual – seja nos aspectos legais, seja nos socioeconômicos, políticos ou infraestruturais – afetam todos os municípios.

As variações socioeconômicas nos estados brasileiros são interdependentes e isso se reflete nas cidades. A primeira constatação de como as alterações estaduais se manifestam nas cidades se dá pelo aspecto demográfico. Comparando os censos de 1980 e 1991, o IBGE contou quase 11 milhões de brasileiros que mudaram de um estado para outro. Destes brasileiros que deixaram um estado por outro, 25% foram para cidades no Estado de São Paulo; 7,5% dos migrantes para o Estado de Minas Gerais; 5,5% para o Estado do Paraná e 5,4% para o Estado do Rio de Janeiro.

A presença dos migrantes em São Paulo é clara no desenvolvimento urbano da maior metrópole brasileira. Mas o que ressaltam alguns estudos (Baeninger, 1998, p. 735) é a diversidade de destinos que começou a se estabelecer, já a partir da década de 1980, nesse processo migratório, ou seja, São Paulo deixou

As variações socioeconômicas nos estados brasileiros são interdependentes e isso se reflete nas cidades.

de ser o único polo para o qual as populações se dirigiam. Na região Norte, por exemplo, apenas o Estado do Acre não teve uma migração positiva, ou seja, apenas nesse estado o número de pessoas que saíram foi maior que o número de pessoas que chegaram.

Mas mantendo São Paulo como referência de estado receptor de migrantes, é possível vislumbrar outra variação a partir desse período, pois o que ocorreu, então, foi que paulistas deixaram o seu estado por outros. Nesse caso, podemos observar, por exemplo, a migração de paulistas para o interior do Paraná, onde também surgiu uma variante. O Paraná (junto com Minas Gerais) foi um dos estados que conheceu, já na década de 1990, o início de um movimento que se consolidaria: as pessoas que o tinham deixado nos anos anteriores voltavam.

No Censo de 2000 do IBGE, vimos algumas tendências se consolidarem, com o Centro-Sul (estados do Sul e Sudeste, exceto o norte de Minas Gerais), Mato Grosso do Sul e porções do centro-sul de Goiás e Mato Grosso apresentando maior dinamismo econômico e, consequentemente, atraindo mais migrantes, seguidos pela fração Norte (região Norte mais porções do centro-norte de Goiás e Mato Grosso) com dinamismo crescente, mas em menor escala. Já a porção Nordeste continua sendo aquela onde há origem acentuada de migrantes, mesmo que os dados sinalizem uma diminuição das perdas populacionais.

O caso de Brasília é especial para o nosso estudo, uma vez que ela é o ícone de um ideal de planejamento urbano implantado no Brasil, com caráter único no mundo, e pela diversidade populacional que conheceu desde seu início. Brasília, nesse sentido, e infelizmente, é o exemplo entre o ideal do planejamento urbano concebido nos escritórios e que não levou em consideração a realidade territorial e socioeconômica do país.

Já sinalizamos que um princípio que deve estar subjacente ao planejamento urbano é aquele que se refere ao fato de que, mesmo sendo um município específico a esfera de atuação dos planos e dos gestores urbanos, inevitavelmente questões de diferentes escalas influenciam na dinâmica urbana. Nesse aspecto, Brasília já nasceu ultrapassada. Quando inaugurada, já era enorme a população das cidades-satélites, nome este até pomposo para um amontoado de barracas de trabalhadores que deixaram tudo nas suas regiões de origem para erguer a capital e que por aí ficaram na esperança de uma melhora

> O caso de Brasília é especial para o nosso estudo, uma vez que ela é o ícone de um ideal de planejamento urbano implantado no Brasil, com caráter único no mundo, e pela diversidade populacional que conheceu desde seu início.

na qualidade de vida, objetivo que, sabiam, não conseguiriam se voltassem às suas origens. Para os 500 mil a 700 mil afortunados que viessem a morar nas superquadras do Plano Piloto, concebido por Lúcio Costa, a cidade planejada significaria qualidade de vida; porém, essa era uma cidade-laboratório. Quando inaugurada, a população das cidades-satélites era maior que a da nova capital brasileira. Mesmo depois de inaugurada, o aglomerado urbano de Brasília (o Distrito Federal, composto pela capital e as cidades-satélites) conheceu taxas geométricas de crescimento anual (TGCA) bem superiores às médias nacionais, como é possível observar no quadro a seguir.

Quadro 1 – TGCA – Distrito Federal e Brasil

Decênio	Distrito Federal	Brasil
1960-1970	14,4	2,9
1970-1980	8,2	2,5

Fonte: Adaptado de IBGE, 2000b.

Região recém-criada e amplamente composta de migrantes (76% da população, na década de 1970), a origem da população da *Brasília* do Plano Piloto e das cidades-satélites ressalta diferenças socioeconômicas na escala nacional. Para a capital, a origem do fluxo migratório era em grande parte do Sudeste, principalmente Rio de Janeiro e Minas Gerais; já para as cidades-satélites, como Gama, a origem foi Bahia e Piauí. Nesse afluxo, observe como alguns estudiosos notaram que, para o migrante pobre, que então chegava, residir no centro não foi mais possível, seu destino passou a ser os núcleos periféricos. Mais tarde, esse processo de valorização será também responsável pela expulsão dos moradores pobres do centro e dos núcleos consolidados para núcleos mais novos e com infraestrutura precária. (Vasconcelos et al., 2006, p. 7)

Isso fez com que a figura da concentração populacional no aglomerado urbano de Brasília se alterasse: em 1960, 41% da população residiam no Plano Piloto; 20 anos depois, eram pouco mais de 20%.

Brasília, mais de 40 anos depois de inaugurada, continua atraindo os migrantes. No conjunto de municípios do Distrito Federal, 19% de sua população chegaram há menos de dez anos. Mas a maior novidade verificada está no fato de essa taxa ser de 55% nos municípios periféricos ao Distrito Federal, sendo que a maioria deles é oriunda da região Nordeste.

A observação da composição populacional de Brasília nos últimos 40 anos (por ser uma cidade que é um exemplo clássico do planejamento urbano) ajuda a reforçar a ideia de que variadas escalas, incluindo a interestadual, incidem na composição da dinâmica socioeconômica urbana.

Síntese

Como pudemos ver neste capítulo, o planejamento urbano lida com um objeto complexo, que é a organização social sobre um território relativamente denso, dotado de infraestruturas, serviços e organização político-administrativa. Apesar de semelhantes, urbano, cidade e município são faces complementares desse objeto complexo. Urbano é o fenômeno econômico e social que gera uma determinada organização espacial: a cidade. O município é a escala político-administrativa adotada em diferentes países, como o Brasil, para o planejamento e a gestão desse fenômeno socioeconômico e dessa organização espacial.

Questões para revisão

1. Leia as afirmações e verifique se são verdadeiras ou falsas:
   a) O município é a principal unidade político-administrativa do Brasil.
   b) Os estados são formados pela reunião de municípios, sendo estes as únicas unidades político-administrativas do Brasil.
   c) O município é uma das quatro unidades político-administrativas do Brasil, junto com a União, o Distrito Federal e os Estados.

   Qual alternativa a seguir é a correta?
   a) Verdadeira; Verdadeira; Verdadeira.
   b) Verdadeira; Falsa; Falsa.
   c) Verdadeira; Verdadeira; Falsa.
   d) Falsa; Falsa; Verdadeira.

2. Assinale a alternativa cujos termos completam corretamente as afirmações a seguir:

   O importante, para entendermos o planejamento urbano, é que ele _____ ser restrito a uma disciplina específica.

_____ é a análise de uma situação, compondo um cenário da realidade existente.

É _____ imaginar o futuro como uma grande mancha urbana física ocupando todas as partes do mundo.

a) não pode; diagnóstico; errado.
b) pode; gestão urbana; correto.
c) não pode; gestão urbana; errado.
d) pode; diagnostico; errado.

3. Assinale a alternativa que corresponde, de forma correta, às definições das etapas do planejamento urbano:

1	Diagnóstico	A	É a análise de uma situação, compondo um cenário da realidade existente.
2	Prognóstico	B	Parte do resultado de um processo de planejamento urbano e transforma um futuro previsível em um futuro possível.
3	Propostas	C	Considerando a situação atual da cidade, sua história e suas tendências, se nada for feito, como esta cidade será amanhã?

a) 1-A; 2-B; 3-C.
b) 1-A; 2-C; 3-B.
c) 1-B; 2-C; 3-A.
d) 1-C; 2-A; 3-B.

4. Em qual unidade da organização político-administrativa da República Federativa do Brasil é definido o perímetro urbano?

5. Qual a principal motivação para que os municípios brasileiros busquem ampliar o perímetro urbano?

Questão para reflexão

Olhe para a sua região e selecione um grupo de cinco municípios, com tamanhos distintos. É possível homogeneizar conceitualmente a sua análise? Todos esses municípios fazem parte de um mesmo fenômeno de urbanização nacional? Ou são apenas agrupamentos sociais que, embora estejam organizados como municípios, guardam ainda características rurais preponderantes?

capítulo dois

Dimensões do planejamento urbano

Conteúdos do capítulo

+ Discussão sucinta a respeito do quadro dos planos diretores recém-aprovados no Brasil, dos guias de planejamento urbano existentes para auxiliar os municípios na tarefa de elaboração do plano diretor e breve descrição da estrutura administrativa de prefeituras no Brasil.
+ A partir da análise de casos concretos, são apresentadas as seis dimensões do planejamento urbano: ambiental, econômica, social, infraestrutural, gerencial e territorial.

Após o estudo deste capítulo, você será capaz de:

1. analisar qualquer plano diretor e, principalmente, qualquer organograma da administração municipal.
2. verificar quais são as principais dimensões trabalhadas pelo município.

Os direitos sociais estão estabelecidos no Capítulo II da Constituição, art. 6º em que se definem como direitos sociais a educação, a saúde, o trabalho, a moradia, o lazer, a segurança, a previdência social, a proteção à maternidade e à infância, a assistência aos desamparados.

Esses direitos são os pressupostos básicos a serem exercidos pelo citadino, pois viver na cidade significa buscar satisfazer suas necessidades como indivíduo, como também as de sua família e as de seu grupo social. Nesse âmbito, aspectos como emprego, segurança, saúde e educação ou cultura são aqueles que imediatamente nos vêm à mente. Cada um desses aspectos tem impactos no meio ambiente (qualquer intervenção ou obra gera impactos ambientais); eles precisam, portanto, de infraestrutura para se realizar e para funcionar a contento, bem como de procedimentos de gestão adequados. E todos esses aspectos devem fazer parte do planejamento urbano.

✦ ✦ ✦

As grandes dimensões do planejamento urbano são: econômica, social, ambiental, infraestrutural, gerencial e territorial. Cada uma delas tem aspectos internos, como a social, que abrange saúde, segurança, assistência social etc.

✦ ✦ ✦

A divisão do planejamento urbano nessas dimensões e seus respectivos aspectos integrantes não é uma fórmula teórica abstrata. Ao contrário, essas dimensões surgem da prática, da execução de planos urbanos e de seu gerenciamento. Então, em vez de lançar um quadro das dimensões do planejamento urbano, é possível fazer o caminho oposto: verificar na prática como essas dimensões fazem parte do dia a dia de organizações não governamentais (ONGs), empresas privadas e órgãos públicos dedicados ao planejamento urbano. Para isso, podemos consultar: planos diretores recém-aprovados, guias de planejamento urbano e a estrutura administrativa de prefeituras no Brasil.

a) Planos diretores recém-aprovados

Todos os municípios brasileiros com população superior a 20 mil habitantes foram obrigados a realizar seus planos diretores até 2006. Esse instrumento, que discutiremos com mais detalhes nos capítulos seguintes, tem a função básica de estabelecer as diretrizes para o desenvolvimento socioeconômico equilibrado do município – entendendo-se, aqui, equilibrado pelo estabelecimento de regras comuns em prol do benefício coletivo.

Na única pesquisa divulgada pelo Ministério das Cidades (Brasil, 2007) depois do encerramento desse prazo, em 2007, vemos que apenas 7,4% dos municípios não haviam tomado nenhuma iniciativa para a consecução do plano diretor. A situação era mais difícil no Estado do Ceará, onde quase 20% dos municípios não tinham iniciado o processo de elaboração de seus planos diretores, seguido por Santa Catarina (14,7%), Mato Grosso do Sul (13,3%), Bahia (12,9%) e Tocantins (12,5%). Sobre a conclusão dos trabalhos, apenas o Distrito Federal e Roraima já tinham os planos diretores aprovados pelas câmaras de vereadores ou em revisão.

Os planos – discutidos amplamente com a população, até por força de lei, e aprovados nas câmaras municipais – tentam abarcar todas as dimensões do planejamento urbano, até porque, a cada audiência pública em que o planejamento urbano é discutido, novas demandas e questionamentos alimentam a discussão entre técnicos, políticos e população em geral.

b) Guias de planejamento urbano

O Ministério das Cidades é o órgão federal responsável por subsidiar e fiscalizar a execução dos planos diretores no Brasil. Por isso, esse órgão produziu um material que foi distribuído para as prefeituras e as entidades da sociedade civil organizada, com o seguinte lema: *Plano Diretor Participativo – cidade para todos*. Além disso, algumas organizações não governamentais se dedicam a auxiliar municípios na elaboração de seu planejamento urbano. É o caso do Instituto Polis, de São Paulo, que, além de executar planos diretores, elaborou material de apoio para entidades e prefeituras, como o *Dicas – idéias para a ação municipal;* ou da Fundação João Pinheiro, de Belo Horizonte, que presta consultoria a prefeituras em planejamento urbano e em gestão municipal, preparando material de apoio com acesso gratuito pela internet. Tanto no material do Ministério das Cidades quanto nos trabalhos desenvolvidos por essas organizações, em relação ao planejamento urbano, algumas dimensões são sempre focadas – do desenvolvimento econômico aos instrumentos de gestão, da dimensão social à dimensão ambiental.

Podemos ver, em todos esses casos, as dimensões que os profissionais estão pensando para as cidades. Dessa forma, para chegarmos a uma

> O Ministério das Cidades é o órgão federal responsável por subsidiar e fiscalizar a execução dos planos diretores no Brasil.

síntese sobre quais são as dimensões essenciais do planejamento urbano, aquelas às quais todos os profissionais ligados a gerir as cidades devem estar atentos, observamos como essas dimensões já fazem parte da estrutura administrativa de algumas prefeituras.

c) Estrutura administrativa de prefeituras no Brasil

A partir de dados extraídos de *sites* das prefeituras das cidades de Alto Paraíso, Quixeramobim, Alegrete, Cuiabá, Rio de Janeiro, Vitória e Itápolis, elaboramos uma amostragem das dimensões do planejamento urbano. Escolhemos, nessa seleção, municípios com populações que variam entre 16 mil e 6 milhões de habitantes, situados em cinco regiões do Brasil. Para cada município, identificamos quais secretarias são vinculadas mais diretamente às dimensões do planejamento urbano, como podemos ver no Quadro 2.

Em alguns municípios há importantes atribuições de planejamento urbano que não estão em secretarias, mas em órgãos especiais, como a Companhia de Desenvolvimento de Vitória (ES), ligada à promoção econômica do município, ou o Instituto de Pesquisa e Planejamento Urbano de Curitiba (PR), responsável pelo planejamento dessa cidade. Porém, tomando as secretarias municipais como uma amostra, podemos perceber quais são os aspectos trabalhados no dia a dia de uma prefeitura e como eles representam as dimensões do planejamento urbano.

Um dado curioso é que o número de secretarias tende a crescer de acordo com o aumento da população. Isso parece ser tão normal que não nos questionamos sobre a sua existência. É óbvio que esse crescimento no número de secretarias

Quadro 2 – Secretarias municipais e dimensões do planejamento urbano

Dimensão	Alto Paraíso (RO)	Quixeramobim (CE)	Alegrete (RS)	Cuiabá (MT)	Rio de Janeiro (RJ)	Vitória (ES)	Itápolis (SP)
População	15.993	59.299	87.877	533.800	6.094.183	313.312	40.693
Ambiental			Sec. Meio Ambiente	Sec. Meio Ambiente	Sec. Meio Ambiente	Sec. Meio Ambiente	Sec. Meio Ambiente
Econômica	Sec. Agricultura Sec. Turismo		Sec. Agric. e Pecuária Sec. Indústria e Comércio Sec. Turismo	Sec. Trabalho e Turismo	Sec. Trabalho e Emprego Sec. Desenv. Econômico, Ciência e Tecnologia	Cia. de Desenvolvimento Sec. Trab. e Geração de Renda	Sec. Agricultura Sec. Ind. e Comércio Sec. Cult., Ciência e Tecnologia Sec. Esportes e Turismo
Gerencial	Sec. Finanças Sec. Planejamento	Sec. Administração Contabilidade	Sec. Governo Sec. Finanças Sec. Planejamento	Sec. Governo Sec. Finanças Sec. Planejamento	Sec. Governo Sec. Fazenda Sec. Administração Sec. Urbanismo Sec. Publicidade, Prop. e Pesquisa	Sec. Coord. Política Sec. Fazenda Sec. Administração Sec. Comunicação Sec. Gestão Estratégica	Sec. Finanças Sec. Administração Sec. Assuntos Especiais Sec. Planejamento

(continua)

(Quadro 2 – conclusão)

Infraestrutural	Sec. Obras	Sec. Obras/ Infraestrutura	Sec. Infraestrutura	Sec. Infraestrutura Sec. Trânsito e Transportes	Sec. Obras e Serviços Públicos Sec. Transportes	Sec. Obras Sec. Serviços Sec. Transportes	Sec. Obras
Social	Sec. Assistência Social Sec. Educação Sec. Saúde	Sec. Ação Social Sec. Educação Sec. Saúde	Sec. Assistência Social Sec. Segurança Sec. Educação e Cultura Sec. Saúde	Sec. Assistência Social Sec. Defesa e Cidadania Sec. Educação, Desportes e Lazer Sec. Saúde Sec. Cultura	Sec. Assistência Social Sec. Educação Sec. Habitação Sec. Esportes e Lazer Sec. Saúde Sec. Cultura Sec. Defesa dos Animais Sec. Deficiente-Cidadão Sec. Terceira Idade Sec. Prevenção Dependência Química	Sec. Assistência Social Sec. Segurança Sec. Cidadania e Direitos Humanos Sec. Educação Sec. Habitação Sec. Esportes e Lazer Sec. Saúde Sec. Cultura	Sec. Promoção Social Sec. Esportes e Turismo Sec. Educação Sec. Habitação Sec. Cultura, Ciência e Tecnologia

ocorre em função do aumento da população, o que torna as demandas e a complexidade de resolução dos problemas maiores. Contudo, isso não significa que Alto Paraíso (RO) ou Quixeramobim (CE) não se preocupem com as questões ambientais apenas pelo fato de não terem uma secretaria do meio ambiente; apenas revela que nesse caso, devido ao tamanho dos municípios, essas questões são tratadas em outras esferas.

Uma dimensão importante que não se encontra espelhada na estrutura administrativa das prefeituras é a territorial. Afinal, quase todos os aspectos dessas cinco dimensões efetivam-se no território urbano e, para que tenham o melhor uso para a população à qual se destinam, é necessário que estejam bem posicionados na cidade. A distribuição territorial dos elementos (equipamentos e serviços) das dimensões do planejamento urbano é tratada no plano diretor. Por ora, vamos acrescentar outras dimensões importantes à dimensão territorial.

d) Dimensão ambiental

Como você deve saber, a dimensão ambiental vem, nos últimos anos, ganhando autonomia dentro da estrutura administrativa municipal. Em parte, isso se deve à relativa novidade do tema para o planejamento urbano e mesmo para a sociedade como um todo. A Conferência da Organização das Nações Unidas Sobre o Meio Ambiente (Eco 92), realizada no Rio de Janeiro em 1992, é o marco da valorização dos aspectos ambientais em todos os âmbitos da sociedade, incluindo o planejamento urbano. Porém, a dimensão ambiental, em muitas ocasiões, ainda se mostra muito incipiente na estrutura administrativa municipal, devido ao fato de que este é um tema transversal que causa impacto direto em outras áreas (como a saúde) e sofre impacto direto de outras (como o transporte). No caso da saúde, a queda de qualidade do meio ambiente, como o aumento da poluição industrial, pode agravar problemas de saúde; enquanto a construção de uma via, mesmo que seja importante pelo lado técnico do transporte, pode gerar danos irreparáveis ao meio ambiente.

♦ A dimensão ambiental vem, nos últimos anos, ganhando autonomia dentro da estrutura administrativa municipal.

e) Dimensão econômica

A dimensão econômica do planejamento urbano está ligada às possibilidades de a cidade gerar recursos financeiros de forma global, para, assim, poder implementar os projetos urbanos para toda a população, e, também, à criação de oportunidades a fim de que cada indivíduo tenha condições de gerar recursos pelo seu próprio trabalho.

A agricultura e a pecuária, a indústria e o comércio, bem como os serviços, são aspectos da dimensão econômica que com frequência têm secretarias especiais ou, ao menos, projetos municipais específicos para apoiar os empresários dos setores primário (agricultura e pecuária), secundário (indústria) e terciário (comércio e serviços).

É fundamental, porém, que os planejadores e os gestores urbanos estejam atentos às mudanças macroeconômicas que influenciam cada um desses setores. Há 30 anos, sem dúvida, a agricultura seria vista como pertencente ao setor primário e tendo como base territorial a zona rural. Hoje, a ligação entre o plantio (a agricultura tradicional), a industrialização e o desenvolvimento de melhorias científicas e tecnológicas forma a base do agronegócio. Mas este é um termo da moda. O fato é que não devemos entender em campos distintos a agricultura e o agronegócio, mas sim que este último sinaliza mudanças profundas na primeira. O mesmo valeria para os produtos orgânicos, pois ganho de produção e ganho de qualidade dos produtos não dependem de que a produção agrícola seja orgânica ou que utilize sementes transgênicas.

Quadro 3 – Dimensões do planejamento urbano

Dimensões do planejamento urbano	Aspectos
Ambiental	Meio ambiente
Econômica	Agricultura Pecuária Trabalho Indústria Comércio Turismo
Social	Assistência social Segurança Educação Esportes e lazer Cultura Saúde Habitação Cidadania (deficientes, idosos, mulheres)

(continua)

(Quadro 3 – conclusão)

Infraestrutural	Obras Serviços públicos Infraestrutura Transportes
Gerencial	Administração Planejamento Finanças Governo Comunicação Fazenda
Territorial	Uso e ocupação Parcelamento

✦ ✦ ✦

Nesses casos, a ligação entre a agricultura, a indústria e a ciência e tecnologia é crescente – e isso deve ser levado em consideração nos planos de desenvolvimento econômico dos municípios.

Mudanças semelhantes acontecem na indústria, cada vez mais ligada à ciência e à tecnologia, ao comércio e aos serviços, sendo que este último aos poucos vem ganhando destaque na composição do PIB dos municípios.

✦ ✦ ✦

Quanto ao aspecto *trabalho*, é importante abordar a criação de possibilidades para a geração de postos de trabalho e os programas de geração de renda alternativa para aqueles que estejam temporariamente afastados do mercado formal. Um ponto fundamental nesse aspecto é que o trabalho deve estar desligado de benefícios diretos do poder público. Este deve se mobilizar para o bem comum e atender, em casos muito especiais, àqueles que necessitam – dimensão por excelência social.

O trabalho está inserido na dimensão econômica de propósito, pois quem proporciona renda é o emprego, e quem emprega é a iniciativa privada. O planejamento urbano deve internalizar essa premissa com o objetivo de, tanto no momento de propor diretrizes para o desenvolvimento da cidade quanto em seu gerenciamento, fornecer as condições para estimular que os seus cidadãos ou mesmo as empresas de fora desenvolvam o espírito empreendedor, de forma que criem ou ampliem seus negócios, gerando postos de trabalho.

O turismo, assim como o meio ambiente, é tema novo na pauta do planejamento urbano. Claro que cidades como o Rio de Janeiro ou Manaus têm, há décadas, um foco prioritário no turismo. Mas mesmo cidades que hoje são conhecidas por desenvolver de forma ampla o turismo, como Parintins (AM) ou Bonito (MS), somente há pouco mais de uma década perceberam que investir nesse setor representaria um fator forte para o desenvolvimento econômico local.

f) Dimensão social

A dimensão social é aquela que trata do bem-estar de todos os cidadãos. Os serviços essenciais, como saúde e educação, são a base da dimensão social. São responsabilidades do município a educação básica e os serviços de saúde – mesmo quando recebem ajuda de fundos estaduais ou federais.

Esportes, lazer e cultura estão presentes na vida de todos nós. No caso da cultura, duas vertentes devem ser estimuladas: uma delas é promover eventos culturais para a população com o intuito de proporcionar enriquecimento no âmbito intelectual e psicológico; a outra é valorizar as manifestações culturais típicas de cada região. Isso tem um valor especial no caso do Brasil, que é um país tão diverso, para que não haja a promoção apenas de uma cultura oficial ou hegemônica, de modo que as manifestações locais ganhem relevância social e até econômica.

Quando se trata de habitação, não devemos considerar esse item exclusivamente como a obrigação de fornecer moradia à população. A dinâmica populacional das cidades normalmente resulta de dinâmicas socioeconômicas em escalas muito mais amplas. Esse fenômeno é possível de ser observado, por exemplo, na análise da explosão das migrações campo-cidade ocorrida nos anos 1970, em que seria injusto imaginar que a cidade receptora seria a responsável pelo fornecimento de moradia àquela população.

◆ A dimensão social é aquela que trata do bem-estar de todos os cidadãos. Os serviços essenciais, como saúde e educação, são a base da dimensão social.

Contudo, cabe ao planejamento urbano direcionar a política habitacional do município, evitando que haja interferência em seus recursos naturais e propiciando uma adequação habitacional ao direcionamento territorial que a cidade entendeu como o melhor para si. Também cabe ao planejamento urbano propor soluções para melhorar as condições de habitabilidade de seus cidadãos. Para os planejadores urbanos, *habitabilidade* deve conter não somente a moradia propriamente dita, como também as boas condições urbanas do entorno, como áreas verdes, equipamentos de educação, saúde e mobilidade urbana.

Segurança é um aspecto da dimensão social que, infelizmente, ganha cada vez mais importância na vida urbana nos últimos anos. Dizemos infelizmente porque sua importância se deve ao fato de não nos sentirmos seguros em nossas cidades. Nas grandes metrópoles, como São Paulo e Rio de Janeiro, esta realidade é motivo de manchetes em jornais, diariamente. Já nas cidades pequenas, as grades nas janelas ou nos portões em frente às casas sinalizam que os seus cidadãos não se sentem mais seguros dentro de suas próprias casas.

Uma vez que a segurança é uma atribuição do Estado e a esfera municipal tem um papel limitado, o que poderia fazer o município? Cabe à administração municipal buscar soluções urbanísticas que inibam ambientes propícios à criminalidade. É o caso de uma boa iluminação pública, de guarda municipal junto às escolas etc. Essas são medidas indiretas que geram mais segurança para a população.

Os dois últimos aspectos da dimensão social são os mais delicados: a assistência social e a promoção da cidadania. Todos nós precisamos de amparos em diversos momentos de nossa vida – seja o apoio de familiares, seja o de amigos – ou mesmo um autoamparo, quando o emprego nos propicia recursos mínimos para uma vida digna. Mas há aqueles que não contam com esses amparos. Esse é o papel da assistência social dentro do planejamento urbano. Em termos gerais, o que a assistência social deve buscar é dar condições ao cidadão para que não precise dela e consiga se inserir na sociedade de maneira produtiva e/ou aproveitando os benefícios da vida coletiva (saúde, educação, cultura etc.) a que tem direito.

> Cabe à administração municipal buscar soluções urbanísticas que inibam ambientes propícios à criminalidade.

A promoção da cidadania é a ação mais complexa, pois, em último grau, deveria referir-se a todas as formas de fazer com que os moradores de uma cidade possam usufruir dela e exercer seu papel cívico. Comumente, considerando as secretarias que cuidam do assunto, a promoção da cidadania foca-se naqueles grupos sociais que têm menos amparo legal, social ou físico para se integrar plenamente na vida urbana, como os portadores de necessidades especiais, os idosos etc.

As dimensões urbanas não se encerram nas categorias apresentadas. Elas foram aqui destacadas por estarem representadas nas estruturas administrativas das cidades pesquisadas, conforme o Quadro 2. Haverá casos em que outras estruturas administrativas tentam dar conta dos mesmos aspectos ou em que outros aspectos aqui não presentes sejam fundamentais para a dimensão urbana em uma determinada região do país. O importante a ressaltar para fecharmos este item é que o planejamento urbano deve almejar lidar de forma equilibrada e equânime com as dimensões ambiental, econômica, social, infraestrutural, gerencial e territorial que abrangem a vida urbana.

Síntese

Neste capítulo vimos que é possível organizar o planejamento urbano em seis dimensões principais. A dimensão ambiental está ligada à valorização dos aspectos ambientais em todos os âmbitos da sociedade, da saúde pública aos impactos de infraestruturas. A dimensão econômica do planejamento urbano está ligada às possibilidades de a cidade gerar recursos financeiros de forma global, para, assim, poder implementar os projetos urbanos para toda a população. A dimensão social é aquela que trata do bem-estar de todos os cidadãos. Sua base são os serviços essenciais, como saúde e educação. A dimensão infraestrutural trata das obras de serviços públicos e do fornecimento de água, esgoto, eletricidade, gás etc. Essa dimensão é a base técnica da organização territorial do município, e fundamento para o bom funcionamento das outras dimensões. A dimensão gerencial lida com a administração, o planejamento e a gestão dos órgãos públicos responsáveis pelo bom funcionamento do município. A dimensão territorial é a base, normalmente com expressão de lei, que organiza a ocupação do território pelas pessoas, empresas e serviços, estabelecendo as diretrizes de parcelamento, uso e ocupação do solo.

Questões para revisão

1. Qual das alternativas apresenta, de forma correta, três das dimensões do planejamento urbano?
    a) social; ambiental; econômica.
    b) financeira; educacional; sanitária.
    c) social; financeira; econômica.
    d) financeira; ambiental; sanitária.

2. Qual das dimensões do planejamento urbano contempla as questões relativas à agricultura, à pecuária e ao turismo?
    a) Ambiental.
    b) Econômica.
    c) Social.
    d) Territorial.

3. Leia as afirmações e verifique se são verdadeiras ou falsas:
   I. As dimensões do planejamento urbano foram definidas por teóricos no início do século XX.
   II. As dimensões do planejamento urbano são a base do Estatuto da Cidade.
   III. As dimensões do planejamento urbano são um reflexo de como municípios diferentes organizam a sua administração.

   Qual das alternativas a seguir é a correta?
   a) Verdadeira; Verdadeira; Verdadeira.
   b) Verdadeira; Falsa; Falsa.
   c) Verdadeira; Verdadeira; Falsa.
   d) Falsa; Falsa; Verdadeira.

4. Qual, dentre as principais dimensões do planejamento urbano, normalmente não se encontra espelhada na estrutura administrativa municipal?

5. Por que a dimensão ambiental vem ganhando importância e autonomia nas estruturas administrativas municipais?

Questão para reflexão

Selecione em sua região um município grande, com mais de 500 mil habitantes, e outro pequeno, com população entre 20 mil e 50 mil habitantes. Compare as estruturas administrativas de ambos. Provavelmente elas não serão iguais. Considerando as seis dimensões do planejamento urbano, o que essa diferença revela quanto à importância de cada dimensão para esses dois municípios?

capítulo três

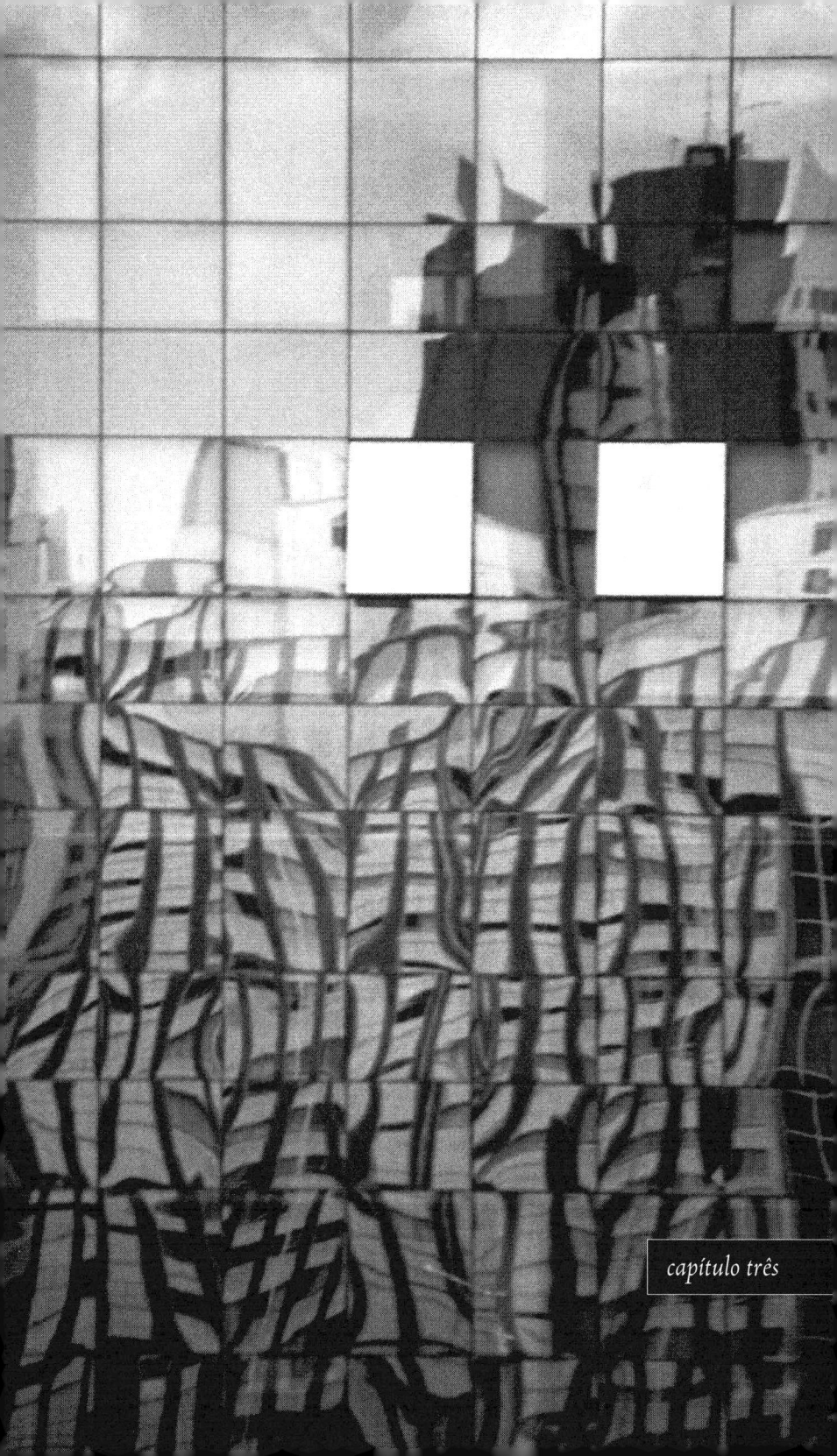

Plano diretor – um instrumento de planejamento urbano

Conteúdos do capítulo

- Este capítulo é dedicado inteiramente ao plano diretor, que é o principal instrumento legal para organizar e direcionar o desenvolvimento de uma cidade, contemplando todas as suas seis dimensões. Conforme a Constituição de 1988, o plano diretor é obrigatório para municípios com mais de 20 mil habitantes e deve ser aprovado pela Câmara de Vereadores, após discussão participativa com a população e diferentes setores da sociedade.

Após o estudo deste capítulo, você será capaz de:

1. entender os antecedentes do plano diretor, pautados nos arts 182 e 183 da Constituição brasileira;
2. entender o que é e quais são alguns dos principais instrumentos do Estatuto da Cidade, lei federal que estabelece obrigatoriedades para todos os municípios e oferece instrumentos de planejamento urbano;
3. conhecer os procedimentos para elaboração e implantação do plano diretor;
4. compreender o conceito do plano e saber quem o elabora e como é elaborado; como é sua aprovação, implementação e gerenciamento.

O plano diretor é o instrumento por excelência do planejamento urbano, principalmente quando se trata da escala municipal.

3.1 Antecedentes do plano diretor

Foi com a Constituição de 1988 que aconteceu o grande impulso para o planejamento urbano no Brasil, pois mesmo depois de 20 anos de sua promulgação, vivemos em meio à ebulição de propostas de planejamento urbano em centenas de cidades brasileiras. Além disso, esse tema continua a ser motivo de discussões em órgãos públicos, institutos de pesquisas, empresas de consultoria e em universidades.

Nos órgãos públicos, discutem-se quais os instrumentos mais adequados para o planejamento urbano, as formas como deve ser conduzido esse planejamento pelos técnicos e pela população e o estabelecimento de limites geográficos de sua aplicação.

Diversas cidades conheceram tentativas de ordenamento territorial e de diretrizes para o seu crescimento físico e econômico, bem como a busca de equilíbrio social e ambiental, espelhados

> Diversas cidades conheceram tentativas de ordenamento territorial e de diretrizes para o seu crescimento físico e econômico, bem como a busca de equilíbrio social e ambiental, espelhados em planos diretores desde o início do século XX.

em planos diretores desde o início do século XX. Cidades como Rio de Janeiro e Curitiba conheceram propostas inovadoras para o seu ordenamento urbano nos anos 1940, quando missões francesas vieram ao Brasil, como as dirigidas por Alfred Agache. Incluem-se nesses processos renovadores os planos com caráter higienista (para resolver problemas de ordem de saúde pública ligadas a projetos de saneamento), como os de Saturnino de Brito para o Rio de Janeiro e para Santos (São Paulo), além do plano de avenidas de São Paulo, conduzido pelo prefeito Prestes Maia na década de 1940.

Todavia, é na Carta Magna de 1988, especialmente nos arts. 182 e 183, os quais tratam da *política urbana*, que está expressa a importância da escala urbana. Esses artigos dão sustentação à inédita autonomia municipal adquirida com a mencionada Constituição, onde podemos ler, no art. 182, parágrafo 1º, que *o plano diretor, aprovado pela Câmara Municipal, obrigatório para cidades com mais de vinte mil habitantes, é o instrumento básico da política de desenvolvimento e de expansão urbana.* Esses planos deveriam ser executados até 2006.

A seguir, apresentamos para a sua leitura os arts. 182 e 183, *Capítulo II – Da Política Urbana*, da Constituição de 1988.

> *Capítulo II – Da Política Urbana*
> *Art. 182. A política de desenvolvimento urbano, executada pelo Poder Público municipal, conforme diretrizes gerais fixadas em lei, tem por objetivo ordenar o pleno desenvolvimento das funções sociais da cidade e garantir o bem-estar de seus habitantes.*
> *§ 1º – O plano diretor, aprovado pela Câmara Municipal, obrigatório para cidades com mais de vinte mil habitantes, é o*

instrumento básico da política de desenvolvimento e de expansão urbana.

§ 2º – A propriedade urbana cumpre sua função social quando atende às exigências fundamentais de ordenação da cidade expressas no plano diretor.

§ 3º – As desapropriações de imóveis urbanos serão feitas com prévia e justa indenização em dinheiro.

§ 4º – É facultado ao Poder Público municipal, mediante lei específica para área incluída no plano diretor, exigir, nos termos da lei federal, do proprietário do solo urbano não edificado, subutilizado ou não utilizado, que promova seu adequado aproveitamento, sob pena, sucessivamente, de:

I – parcelamento ou edificação compulsórios;

II – imposto sobre a propriedade predial e territorial urbana progressivo no tempo;

III – desapropriação com pagamento mediante títulos da dívida pública de emissão previamente aprovada pelo Senado Federal, com prazo de resgate de até dez anos, em parcelas anuais, iguais e sucessivas, assegurados o valor real da indenização e os juros legais.

Art. 183. Aquele que possuir como sua área urbana de até duzentos e cinquenta metros quadrados, por cinco anos, ininterruptamente e sem oposição, utilizando-a para sua moradia ou de sua família, adquirir-lhe-á o domínio, desde que não seja proprietário de outro imóvel urbano ou rural.

§ 1º – O título de domínio e a concessão de uso serão conferidos ao homem ou à mulher, ou a ambos, independentemente do estado civil.

§ 2º – *Esse direito não será reconhecido ao mesmo possuidor mais de uma vez.*

§ 3º – *Os imóveis públicos não serão adquiridos por usucapião.*

O que pretendemos observar com a leitura desses artigos é que, apesar do destaque atribuído ao município na Constituição, eles são breves. Isso seria até esperado, uma vez que se trata da Constituição do país, e esta depende de leis complementares. No entanto, há uma alternância entre uma abordagem generalista (esperada) e outra com detalhes, como a que se refere à área em metros quadrados dos terrenos que são sujeitos à usucapião urbana.

Esses capítulos deveriam ser regulamentados e de fato o foram com a Lei nº 10.257, de 10 de julho de 2001, conhecida pelo nome de Estatuto da Cidade, que é certamente a maior inovação no campo urbanístico que o Brasil já conheceu, pois trouxe diretrizes e novos instrumentos legais, econômicos e processuais para o planejamento urbano. Então, antes de detalharmos o plano diretor como o principal instrumento de planejamento urbano, é importante apresentarmos e discutirmos o referido Estatuto.

O Estatuto da Cidade
(Lei nº 10.257/2001)

O direito urbanístico é um par essencial para o planejamento urbano, pois é ele que organiza o espaço da área urbana (processo no qual sua abrangência vai além, pois ordena também o espaço das áreas rurais que em suas inter-relações afetam a cidade), "através de imposições de ordem pública, expressas em normas de uso e ocupação do solo urbano ou urbanizável, ou de proteção ambiental, ou enuncia regras estruturais e funcionais da edificação urbana coletivamente consideradas" (Meirelles, 1993, p. 381). Nesse contexto, podemos inserir a definição, encontrada no capítulo III art. 41, da Lei nº 10.406, de 10 de janeiro de 2002 (*Código Civil*), que diz ser o município *pessoa jurídica de direito público interno*, que tem, por conseguinte, tanto capacidade civil de exercer direitos como também de contrair obrigatoriedades.

Em consonância com tal ordenamento de lei, depois de 11 anos de discussões entre profissionais, políticos e diversos setores da sociedade, em 2001 foi aprovada a Lei Federal nº 10.257/2001 (Estatuto da Cidade), que, como reiteramos, regulamenta os arts. 182 e 183 da Constituição. No primeiro parágrafo dessa lei, é informado que esse estatuto regula *o uso da propriedade urbana em prol do bem coletivo, da segurança e do bem-estar dos cidadãos, bem como do equilíbrio ambiental*. O texto segue com 16 diretrizes gerais, que merecem ser resumidas e brevemente comentadas, quais sejam:

♦ O direito urbanístico é um par essencial para o planejamento urbano, pois é ele que organiza o espaço da área urbana ♦

> I – *a garantia do direito a cidades sustentáveis* [que o direito à terra, aos equipamentos urbanos etc. estejam comprometidos tanto com a geração atual como com as futuras];
> II – *a gestão democrática* [feita diretamente pela população ou por associações representativas em todas as fases do planejamento urbano, da formulação ao acompanhamento dos programas e dos projetos];

III – *a cooperação* [sendo esta uma palavra-chave quando explicita envolvimento das diversas instâncias de governo, da iniciativa privada e dos setores da sociedade];

IV – *o planejamento do desenvolvimento das cidades* [cujo objetivo é o de evitar e corrigir as distorções do crescimento urbano e seus efeitos negativos sobre o meio ambiente];

V – *a oferta de equipamentos urbanos* [os quais devem ser públicos), além de serviços e transportes];

VI – *a ordenação e controle do uso do solo* [visando ao uso adequado dos imóveis; à compatibilidade de usos próximos; ao parcelamento do solo e uso de imóveis sem que causem impactos negativos na infraestrutura urbana; ao uso de imóveis para bem comum, evitando excessivas especulações imobiliárias que prejudiquem o bom desenvolvimento urbano e, além disso, à boa qualidade ambiental];

VII – *a complementaridade entre as atividades urbanas e rurais* [visando ao desenvolvimento socioeconômico integrado do município];

VIII – *o respeito aos limites da sustentabilidade ambiental, social e econômica* [isso quando da permissão para a instalação de equipamentos e serviços];

IX – *a justa distribuição dos benefícios e ônus decorrentes do processo de urbanização;*

X – *a adequação dos instrumentos de política econômica, tributária e financeira e dos gastos públicos aos objetivos do desenvolvimento urbano;*

XI – *a recuperação dos investimentos do Poder Público de que tenha resultado a valorização de imóveis urbanos;*
XII – *a proteção, preservação e recuperação do meio ambiente natural e construído, do patrimônio cultural, histórico, artístico, paisagístico e arqueológico;*
XIII – *as audiências do poder público municipal e da população* [sempre que envolver implantação de empreendimentos que possam ser prejudiciais ao contexto ambiental e social do entorno];
XIV – *a regularização fundiária e urbanização de áreas ocupadas por população de baixa renda;*
XV – *a simplificação da legislação de parcelamento, uso e ocupação do solo* [desse modo possibilita a redução de custos e o aumento da oferta de unidades habitacionais];
XVI – *a isonomia de condições para os agentes públicos e privados na promoção de empreendimentos e atividades relativos ao processo de urbanização, atendido o interesse social.*

O Estatuto da Cidade, no capítulo II, lança mão também dos *instrumentos da política urbana*, dividindo-os em seis grupos. Os dois primeiros grupos são em escalas nacionais, estaduais e metropolitanas de planos para desenvolvimento socioeconômico; o terceiro grupo lista os instrumentos de planejamento municipal, como o plano diretor, o parcelamento, o uso e a ocupação do solo, a gestão orçamentária participativa etc.; o quarto grupo são os institutos tributários e financeiros, como o IPTU; o quinto grupo são os institutos jurídicos e políticos, que no total são 18. Entre estes se encontram a desapropriação, a instituição de zonas especiais de interesse social, a usucapião especial de imóvel urbano, a outorga onerosa do direito de construir e de alteração de uso, bem como as operações urbanas consorciadas; finalmente, o sexto grupo fala dos instrumentos dos estudos prévios de impacto ambiental (EIA) e de impacto de vizinhança (EIV).

✦ ✦ ✦

> Todos os planos diretores que deveriam ser concluídos (de acordo com a Lei nº 10.257/2001) até outubro de 2006 foram feitos sob a égide do Estatuto da Cidade.

✦ ✦ ✦

Não obstante a importância dos 16 pontos que listamos acima, destacaremos três instrumentos do Estatuto pelo aspecto inovador que apresentam e por sua aplicação por vezes polêmica em algumas situações, o que não tira o mérito de serem instrumentos que ainda estão sendo aprimorados com o necessário contato com a realidade dinâmica das cidades: usucapião especial de imóvel urbano; EIV; operações urbanas consorciadas.

a) Da usucapião especial de imóvel urbano (seção V)

A usucapião especial de imóvel urbano visa à diminuição da especulação imobiliária e à integração de imóveis na dinâmica socioeconômica urbana, pela sua reintrodução no mercado imobiliário.

Os custos dos vazios urbanos, principalmente em regiões infraestruturadas, muitos deles mantidos por interesses especulativos, são grandes para todo e qualquer município, uma vez que este provê com serviços públicos essas áreas privadas, mesmo que elas mantenham em seu miolo áreas vazias à espera do aumento do valor imobiliário, e assim acaba por não conseguir colocar equipamentos urbanos adequadamente em áreas necessitadas.

No intuito de dinamizar essas situações, o art. 9º do Estatuto da Cidade confere o direito à usucapião especial àquele que ocupe área ou edificação de até 250m², ininterruptamente, durante cinco anos, para moradia, desde que o requerente não seja proprietário de outro imóvel, urbano ou rural. A determinação é complementada pelo art. 10, cujo texto ordena que as áreas acima de 250m², uma vez que sejam ocupadas como moradia por população de baixa renda por, pelo menos, cinco anos, e onde não haja possibilidade de demarcar os terrenos de cada um, podem ser sujeitas à usucapião coletiva, desde que os moradores não sejam proprietários de imóveis alhures. Nessa situação, o juiz deve determinar a cada possuidor uma igual fração ideal do terreno, sem importar o quanto realmente ocupe quando da usucapião. Será, então, constituído um condomínio especial que se torna indivisível e cujas deliberações, a partir de sua instituição, devem obedecer ao voto da maioria.

Um exemplo dessa aplicação ocorreu em Ariquemes, Rondônia, onde o juiz da 3ª Vara Cível da Comarca de Ariquemes, Franklin Vieira dos Santos, reconheceu o direito dos moradores ao uso de área invadida em 1999, no atual bairro Mutirão. O juiz reconhece que os moradores ocuparam pacificamente a área, sem encontrar oposição, e ali fizeram melhorias constantes. O ato beneficiou mais de 80 famílias (Famílias conseguem..., 2008).

> Os custos dos vazios urbanos, principalmente em regiões infraestruturadas, muitos deles mantidos por interesses especulativos, são grandes para todo e qualquer município.

Como você deve saber, a questão fundiária é uma das mais importantes e não resolvidas no Brasil, fruto de desigualdades socioeconômicas históricas e raiz dessa permanência aviltante. Apesar disso, o Ministério das Cidades não constatou a existência de leis específicas sobre esse ponto nos planos diretores aprovados ou em elaboração até 2007.

b) Do estudo de impacto de vizinhança (seção XVI)

As cidades, em seus planos diretores, definem quais atividades podem ser implementadas em cada região de seu território, estipulando os parâmetros de uso e de ocupação do solo. Esse regramento é o mínimo a ser respeitado por qualquer atividade que se estabelece. Porém, mesmo respeitando-se esses parâmetros, há atividades que causam um impacto para a dinâmica urbana que precisa ser controlado para que não a prejudiquem. Para esses casos, o Estatuto da Cidade propõe a figura do EIV. Esse estudo tem uma filiação com os EIAs.

De acordo com o único documento divulgado pelo Ministério das Cidades, do conjunto de municípios que tinham seus planos diretores aprovados ou em elaboração até 2007 (Brasil, 2007), apenas 62% haviam elaborado leis municipais específicas sobre os critérios para a aplicação do EIV.

♦ O *estudo de impacto de vizinhança* cumpre o objetivo de fazer uma avaliação de quais são os pontos positivos e negativos da instalação de um empreendimento na cidade.

A preocupação com os impactos provocados por determinados empreendimentos no meio ambiente tem sua origem no Sistema Nacional do Meio Ambiente (Sisama), na

Lei nº 6.938, de 31 de agosto de 1981. Em 1997, o Conselho Nacional do Meio Ambiente (Conama), em sua Resolução nº 237, de 16 de dezembro de 1997, enfocou o meio urbano. A partir daí, a ideia de que, além do respeito às leis básicas do plano diretor, alguns empreendimentos devem estar sujeitos a estudos específicos vem se consolidando.

Um caso típico de empreendimento que deve ser analisado cuidadosamente, principalmente nas grandes cidades, é o *shopping center*. Mais do que um centro de compras, ele é um dos maiores polos geradores de tráfego na cidade, que envolve tanto os veículos particulares, com o aumento de fluxo em determinadas vias, quanto os ônibus e, consequentemente, provoca a demanda por novas linhas ou aumento da frota. Esses são alguns impactos que podem ser negativos para a cidade. Em contrapartida, é inegável que as centenas de empregos criados são benéficos para a economia urbana.

Assim, o EIV cumpre o objetivo de fazer uma avaliação de quais são os pontos positivos e negativos da instalação de um empreendimento na cidade em suas diferentes escalas – da economia urbana ao impacto no seu entorno imediato –, com obrigações que caberão ao empreendedor cumprir para solucionar ou compensar os eventuais transtornos causados pelo empreendimento. As medidas conhecidas como *mitigadoras* são aquelas que têm o objetivo de minimizar ao máximo os eventuais problemas que o empreendimento possa causar no contexto urbano; as medidas *compensatórias* são aquelas exigidas – quando não é possível evitar certos transtornos e avaliando os benefícios que indicam a instalação do empreendimento – como compensações alternativas por esses danos.

Devemos notar que tanto empreendimentos privados quanto públicos podem estar sujeitos à realização do EIV em sua implantação ou mesmo em suas ampliações, sendo que a classificação de quais tipos de empreendimentos – e em quais regiões da cidade – estarão sujeitos ao EIV é objeto de determinação estabelecida através da criação de uma lei municipal. Nesse processo é fundamental que o corpo técnico e a população tenham participação na avaliação dos impactos e na elaboração das medidas mitigadoras e compensatórias, uma vez que essas avaliações envolvem critérios técnicos e, principalmente, aspectos que afetam diretamente a vida da população que vive no entorno do empreendimento.

Portanto, é vasta a gama de empreendimentos que podem e devem estar sujeitos ao EIV, como universidades, grandes loteamentos, ginásios de esportes, boates e hospitais. Mas continuemos com o exemplo do *shopping center* para vermos o procedimento básico e as medidas possíveis para diminuir seu impacto socioeconômico e urbano na região onde será instalado.

Pelos dados da Associação Brasileira de Shopping Centers (Abrasce), um estabelecimento desse tipo gera em média 1.600 empregos. Inegavelmente, isso é importante para a economia de uma localidade. Porém, junto com os empregos cada *shopping center* tem quase igual número de vagas de garagem, que são usadas por uma parcela de mais de 700 mil visitantes mensais. O *shopping center*, sendo um atrativo tão poderoso, pode ajudar a induzir a ocupação de uma área da cidade ou reavivá-la, mas pode também fazer com que o comércio de rua perca clientes, esvaziando o centro da cidade, com a decadência dos pequenos lojistas municipais. Por sua vez, esse esvaziamento do comércio local gera desemprego e desocupação de área urbana, que pode ser depreciada.

Quadro 4 – *Síntese de impactos positivos e negativos da implantação de um* shopping center

Empreendimento	Impactos positivos	Impactos negativos
Área de lojas: 28 mil m² Empregos: 1.600 Vagas: 1.400 Circulação: 700 mil/mês	Geração de empregos. Dinamização econômica. Indução de crescimento regional.	Esvaziamento do comércio de rua. Esvaziamento da área central. Aumento de tráfego local.

Raros são os empreendimentos com benefícios ou malefícios incontestes – e as leis de uso e ocupação do solo devem ser genéricas o suficiente para permitirem a dinâmica imobiliária da cidade, o que as impede de atentarem para cada caso específico. Para isso existem os EIVs. No caso exemplificado (um *shopping center*), o primeiro passo é a elaboração de uma tabela que apresente as características do empreendimento e os impactos negativos e os positivos, conforme o Quadro 4.

Após realizarmos uma análise que abranja aspectos econômicos, sociais, territoriais e ambientais, primeiro, é possível estabelecermos se no balanço entre os impactos positivos e negativos o empreendimento interessa à cidade e, especificamente, à área que é pretendida pelo empreendedor para a sua implantação; segundo (e até mais importante do que uma resposta simples de permitir ou não a sua implantação), permite estabelecer medidas mitigadoras e compensatórias.

Imaginemos que o aumento no tráfego seja comportado pela via que dá acesso ao *shopping*, mas a desaceleração para a entrada no estacionamento possa prejudicar o fluxo normal. Nesse caso, propõe-se, como medida mitigadora, que o empreendimento crie uma outra faixa de circulação, dentro da área do imóvel, destinada aos carros que entrarão no estacionamento. O impacto negativo no comércio local de rua ocorrerá; decidiu-se, porém, que o empreendimento tem mais impactos positivos. No entanto, para mitigar o impacto negativo, uma porcentagem das lojas do *shopping* deve ser ocupada por comerciantes já estabelecidos na cidade. Há, ainda, a possibilidade de que a circulação de milhares de pessoas por dia venha a sobrecarregar o sistema público de transportes; portanto, como medida compensatória, o *shopping* criará uma estação de embarque e desembarque em área própria para o transporte; coletivo.

Enfim, além da análise legal de respeitar ou não as leis de uso e de ocupação do solo, que devem ser gerais, o instrumento do EIV tem um valor inovador ao possibilitar que a cidade se mobilize na avaliação de casos específicos de empreendimentos urbanos, dando respaldo à observação da dinâmica socioeconômica, com um processo claro que envolve os empreendedores privados, o poder público (com seu corpo técnico) e a população afetada.

c) Das operações urbanas consorciadas (seção X)

O art. 32, parágrafo 1º, do Estatuto da Cidade define as operações urbanas consorciadas como "o conjunto de intervenções e medidas coordenadas pelo Poder Público municipal, com a participação dos proprietários, moradores, usuários permanentes e investidores privados, com o objetivo de alcançar em uma área transformações urbanísticas estruturais, melhorias sociais e a valorização ambiental".

As *operações urbanas*, um dos pontos mais inovadores do Estatuto da Cidade, colocam em destaque as parcerias feitas para o desenvolvimento econômico de uma região entre o poder público, os moradores de um determinado local e a iniciativa privada. É essencial que fique claro que a operação é um conjunto de medidas físicas, legais e tributárias e que tem como fundamento inovador a transformação de um valor *imobiliário em um valor mobiliário*. Na sequência, detalharemos os três passos dessa operação.

1. *Primeiro passo*

Para a realização das operações urbanas, primeiramente definimos a área de intervenção. Nessa área serão estabelecidos projetos urbanísticos prioritários para que o local readquira relevância no desenvolvimento socioeconômico da região e contribua para a qualidade de vida de seus moradores.

Esses projetos são estabelecidos por um corpo técnico – que tanto deve avaliar aqueles que terão maior impacto para impulsionar a operação quanto estabelecer um cronograma técnico-financeiro – e pelos habitantes do local que será impactado. Normalmente, a área de intervenção é maior do que a parcela onde efetivamente serão realizadas obras de maior vulto. A razão é que algumas obras têm a capacidade de impactar uma região maior que seu ponto específico – e por vezes o impacto na região imediata é positivo, mas, no entorno, é negativo. Além disso, como veremos, é para a área de abrangência total que os recursos da operação urbana devem ser dirigidos.

2. *Segundo passo*

A partir do que foi descrito na fase anterior, o zoneamento da área é alterado – e aí encontramos uma importante medida da operação urbana. Quando um zoneamento é alterado, os proprietários de imóveis na região são os únicos impactados. E o que ocorre, muitas vezes, é que essa alteração beneficia alguns poucos em detrimento do conjunto da cidade ou da região do entorno. No caso das operações urbanas, a alteração faz com que o coeficiente* seja congelado na situação em que se encontra ou seja transformado em coeficiente 1. Ou seja, se alguém tem um imóvel com edificação que aproveitou o coeficiente 4 do zoneamento existente, ele não será penalizado, mas os outros imóveis terão, a partir da implantação da operação urbana, o coeficiente restringido a 1.

> As *operações urbanas*, um dos pontos mais inovadores do Estatuto da Cidade, colocam em destaque as parcerias feitas para o desenvolvimento econômico de uma região entre o poder público, os moradores de um determinado local e a iniciativa privada.

3. *Terceiro passo*

Na sequência, pelos prognósticos e propostas feitos para a região, fica estabelecida qual a área construída total que se

---

* Coeficiente é a condição ou circunstância que coopera para um determinado fim (Houaiss; Villar, 2001).

pretende na área de intervenção, considerando-se tanto a receptividade do mercado imobiliário quanto a capacidade da infraestrutura existente ou a ser implantada.

Imaginemos uma área de intervenção que tem 50 mil m^2 construídos. Se o coeficiente é congelado (nada mais pode ser construído) e propõe-se que sua área construída máxima pode ser de 150 mil m^2, tem-se, com isso, 100 mil m^2 de área construída *virtual*. Essa área não é direito adquirido dos proprietários dos imóveis existentes; ela é transformada em títulos, chamados *Certificados de Potencial Adicional de Construção* (Cepac).

Ou seja, a área construída, tipicamente um *valor imobiliário* da cidade (que se expressa em edificações), é transformada em *valor mobiliário* (um título) regido pela Comissão de Valores Mobiliários, que regula o mercado de bolsas. Essa segunda novidade das operações urbanas (títulos) é completada pelas transações dos Cepacs. Eles são lançados pelo município, são negociados como títulos e podem ser adquiridos por qualquer interessado, de qualquer cidade, independentemente de ter imóvel na área de intervenção.

A cada transação um porcentual é destinado à prefeitura, que, sob o órgão gestor da operação urbana, direciona as verbas para o cumprimento das medidas estabelecidas entre o poder público e os cidadãos, quando do estabelecimento da operação. A prefeitura pode ainda utilizar uma quantidade determinada de Cepacs para pagamento de obras e de desapropriações. A valorização dos Cepacs depende do sucesso da operação urbana. Assim, se esta obtiver sucesso, o valor daqueles aumentará, assim como a verba destinada à execução do programa e ao projeto da operação urbana.

Como um instrumento urbanístico importante, mas inovador do Estatuto da Cidade, as *operações urbanas consorciadas* têm variações em sua formatação e em sua aplicação. O caso que acabamos de comentar, no parágrafo anterior, ilustra uma possibilidade de desvinculação do valor da propriedade *imobiliária* à negociação *mobiliária* usada em alguns casos, como em operações urbanas na cidade de São Paulo.

Pedro Manuel Rivaben de Sales publicou uma série de artigos críticos sobre essas operações urbanas em São Paulo. Em seus textos, Sales (2005) ressalta que, por vezes, corre-se o risco de se desperdiçar um instrumento inovador, que deveria beneficiar em última instância toda a cidade, privilegiando apenas uma parcela da população – principalmente aquela que possui interesses imobiliários diretos na área.

Apesar da complexidade desse instrumento, 53,4% dos municípios brasileiros que até 2007 tinham seus planos diretores aprovados ou em elaboração estabeleceram instrumentos específicos para a realização de operações urbanas consorciadas (Brasil, 2007). A análise de Sales sobre o caso de São Paulo parece não deixar dúvidas de que na grande maioria dos casos o resultado será apenas este: uma lei a mais, sem efetividade.

As operações urbanas, para adquirirem a força que podem ter para estabelecerem parcerias entre setores público e privado, alterando uma região urbana lastreada em grandes projetos, são mais adequadas a centros urbanos. Esse não é o caso, por exemplo, dos 70% dos municípios de Rondônia, do Espírito Santo (81%) ou mesmo Rio de Janeiro (67%) que estabeleceram instrumentos específicos de operações urbanas em seus planos diretores.

3.2 Procedimentos para elaboração e implantação do plano diretor

Apresentarmos a discussão do Estatuto da Cidade antes do plano diretor é fundamental. Desde a sua aprovação, o Estatuto trouxe instrumentos inovadores de planejamento urbano, como dissemos, mas, principalmente, mudanças nos processos de elaboração do plano diretor.

Há cidades que já tinham importantes planos diretores décadas antes de ele se tornar obrigatório pela Constituição para cidades com população acima de 20 mil habitantes. Normalmente, eram o resultado do trabalho de técnicos contratados pelas prefeituras municipais através de licitações ou desenvolvidos por equipes técnicas da própria prefeitura.

A participação de um corpo técnico de qualidade e com competências técnicas variadas é fundamental para a elaboração do plano diretor e a sua posterior implantação e acompanhamento. Mas o *Estatuto da Cidade* introduziu a obrigatoriedade de participação da população em diferentes etapas de sua elaboração, em audiências públicas, além da publicidade e acesso aos documentos de qualquer interessado, conforme o art. 40, parágrafo 4, incisos I, II e III.

> A participação de um corpo técnico de qualidade e com competências técnicas variadas é fundamental para a elaboração do plano diretor e a sua posterior implantação e acompanhamento.

a) Conceito de plano diretor

O art. 40, parágrafo 1º, do Estatuto da Cidade afirma que *o plano diretor é parte integrante do processo de planejamento municipal, devendo o plano plurianual, as diretrizes orçamentárias e o orçamento anual incorporar as diretrizes e as prioridades nele contidas.*

O plano diretor é obrigatório para as cidades com mais de 20 mil habitantes e também para municípios em áreas de especial interesse turístico e sob influência de empreendimentos ou atividades com impacto ambiental de âmbito regional ou nacional. Devemos lembrar que, nas cidades com mais de 500 mil habitantes, é também obrigatória a implementação de um plano integrado de transportes. Outrossim, ciente das alterações promovidas pelo próprio plano diretor, além daquelas próprias das dinâmicas socioeconômicas, o estatuto prevê que aquele seja revisto a cada dez anos.

b) Quem elabora o plano diretor?

É responsabilidade de toda a sociedade que o plano diretor seja de boa qualidade e reflita os anseios da população, ou seja, o que ela quer para a sua cidade. Em sua elaboração estão envolvidos técnicos, políticos, organizações da sociedade civil (como ONGs, associações de classes etc.) e toda e qualquer pessoa. Assim, uma vez que todos têm direito à participação nas audiências públicas, o sucesso da elaboração, implantação e fiscalização do plano diretor tornou-se responsabilidade de todos os cidadãos.

As diretrizes básicas do plano diretor são propostas por um corpo técnico formado por urbanistas, engenheiros, médicos, agrônomos, economistas, enfim, profissionais de diferentes áreas – diversidade que tende a tornar o plano mais bem estruturado. Esse corpo técnico pode ser interno à prefeitura, mas frequentemente, e isso é benéfico, é formado por profissionais de ONGs e empresas privadas, especialistas na área de planejamento urbano, que são os condutores das propostas preliminares. Essa participação externa à prefeitura geralmente traz visões diferentes daquelas dos que estão em contato cotidiano com os problemas da cidade. Esses profissionais atuam em diferentes cidades, em contextos diversificados, por vezes com características socioeconômicas aproximadas – o que permite que tragam novos olhares aos problemas de cada município, enxergando soluções espelhadas em propostas contidas no plano diretor.

O próprio Estatuto da Cidade, quando trata da gestão democrática, propõe alguns instrumentos que incentivam a participação social durante todo o processo de planejamento urbano, como as conferências e os conselhos. As conferências tratam de assuntos relevantes para o município e têm amplitude para abarcar os diversos segmentos da sociedade e, em alguns casos, membros de órgãos estaduais e federais. Das conferências saem os delegados eleitos para compor os conselhos. Os conselhos municipais têm representantes do poder público e da sociedade civil que acompanham, controlam e fiscalizam a implementação do planejamento urbano. Finalmente, há as audiências públicas obrigatórias para que a lei municipal que instituiu o plano diretor seja validada. Além do corpo técnico, as audiências públicas

> É responsabilidade de toda a sociedade que o plano diretor seja de boa qualidade, refletindo os anseios da população, ou seja, o que ela quer para a sua cidade.

permitem que todo cidadão participe da elaboração do plano, ao ouvir e questionar as propostas trazidas pelos técnicos, levantar problemas que pensam importantes a serem tratados no plano e frequentemente propor soluções.

Mesmo depois de o plano ser aprovado e tornado lei, é fundamental que haja um acompanhamento da população, seja individualmente, seja pelas associações comunitárias, de classe ou de interesses. Esse acompanhamento permite que o plano diretor potencialmente proposto por toda a população seja aplicado a contento e gere os benefícios esperados.

c) Como é elaborado o plano diretor?

Há etapas na elaboração do plano diretor, não importa a dimensão da cidade, que são comuns. Em alguns municípios, algumas dessas etapas merecem mais ou menos atenção. Porém, todas elas são fundamentais para o sucesso de um plano diretor, principalmente quando, desde a primeira etapa (o diagnóstico) até a última (gerenciamento e atualizações), todas estejam presentes na consciência dos envolvidos na elaboração do plano – dos técnicos à população e aos políticos.

d) Aprovação do plano diretor

A aprovação da lei do plano diretor deve ser feita pela Câmara Municipal. Porém, a sua aprovação não se restringe ao ato de aprová-lo. Antes de ir à votação, é necessário observar os aspectos técnicos, legais e financeiros.

e) *Implementação do plano diretor*

Mesmo quando o plano diretor já foi aprovado pela Câmara Municipal e tornado lei, alguns de seus aspectos necessitam de complementações legais, técnicas e financeiras.

f) *Gerenciamento do plano diretor*

O plano diretor aprovado e já implementado não tem forças para conduzir, de forma autônoma, isto é, unicamente como uma lei a ser respeitada, suas propostas a bom termo. É necessário que a prefeitura, através de uma ou algumas de suas secretarias, por vezes de um órgão específico, mas sempre sob total responsabilidade da administração municipal, gerencie o plano.
Como o Ministério das Cidades ressalta, "a conclusão do plano diretor não encerra o processo de planejamento. Ajustes podem e devem ser feitos. É recomendável que o próprio plano diretor determine os meios e a sistemática para revisá-lo" (Brasil, 2004c, p. 32). Gerenciá-lo, portanto, compreende, em primeiro lugar, o controle para que suas recomendações sejam respeitadas, além de atualizações, uma vez que a cidade é um organismo vivo, que se altera internamente ao longo do tempo e sofre influências externas de escalas distintas (regional, estadual, nacional e até mesmo internacional) que modificam as condições sob as quais as propostas do plano foram feitas.

Síntese

A Constituição de 1988, nos arts. 182 e 183, trata da política urbana e obriga todos os municípios com mais de 20 mil habitantes a elaborarem seus planos diretores. Como decorrência da Constituição, depois de 11 anos de amplas discussões, foi aprovado em 2001 o Estatuto da Cidade, que apresenta instrumentos da política urbana, alguns deles inovadores, que fundamentam a elaboração dos planos diretores de todos os municípios brasileiros. Neste capítulo detalhamos três desses instrumentos: a usucapião especial de imóvel urbano, o estudo de impacto de vizinhança e as operações urbanas consorciadas. A partir desse quadro referencial, o capítulo apresenta quais são os procedimentos para a elaboração e a implantação do plano diretor.

Questões para revisão

1. Qual a alternativa correta?
   a) O plano diretor é uma lei federal aplicado em todos os municípios.
   b) O plano diretor é opcional, mas importante para o desenvolvimento das cidades.
   c) Apenas com a Constituição de 1988 foram feitos planos diretores no Brasil.
   d) O plano diretor é obrigatório para cidades brasileiras com mais de 20 mil habitantes.

2. Qual das alternativas apresenta os termos que completam corretamente as afirmações a seguir?

O plano diretor, aprovado pela _____, é obrigatório para cidades com mais de 20 mil habitantes.

O _____ trouxe diretrizes e novos instrumentos legais, econômicos e processuais para o planejamento urbano.

A _____ deu o grande impulso para o planejamento urbano no Brasil.

a) Câmara Municipal; Estatuto da Cidade; Constituição de 1988.
b) Constituição de 1988; planejamento urbano; Câmara Municipal.
c) Constituição de 1988; Estatuto da Cidade; Câmara Municipal.
d) Câmara Municipal; planejamento urbano; Constituição de 1988.

3. Em sua cidade, um grupo empresarial decide abrir um grande centro comercial. Dentre as medidas do Estatuto da Cidade estudadas neste capítulo, que instrumento melhor se adequaria para a análise do empreendimento?

a) Usucapião coletiva.
b) Estudo de impacto de vizinhança.
c) Operação urbana consorciada.
d) IPTU progressivo no tempo.

4. Se um proprietário estivesse mantendo uma grande área desocupada junto à praça central de sua cidade por mais de 30 anos, dificultando a ocupação dessa região, qual instrumento do Estatuto da Cidade poderia ser utilizado para forçá-lo a ocupar o terreno e inseri-lo no meio urbano?

5. Um *shopping center* será instalado junto a um terminal de ônibus em uma cidade de 200 mil habitantes. Como técnico, indique três medidas para mitigar os impactos negativos que esse empreendimento trará ao seu entorno imediato.

Questão para reflexão

A diretriz VII da política urbana diz da "complementaridade entre as atividades urbanas e rurais". Uma vez que estamos tratando de planejamento urbano, argumente a razão pela qual as atividades rurais são destacadas. Para isso, faça uma relação entre o Capítulo 3 e o Capítulo 1 deste livro.

capítulo quatro

Conceitos e instrumentos de planejamento urbano

Conteúdos do capítulo

- Parcelamento do solo: conceitos e lei.
- Definições das unidades territoriais.
- Parâmetros de uso e ocupação do solo: conceitos e lei.
- Densidade urbana: variações e impactos na organização da cidade.

Após o estudo deste capítulo, você será capaz de:

1. entender um dos fundamentos do planejamento urbano, que é o parcelamento do solo.
2. saber como são definidos os critérios para a divisão do solo urbano e, principalmente, os critérios que determinam quais usos e ocupações são proibidos ou permitidos em cada parcela da cidade.
3. compreender que os usos e ocupações permitidos, bem como a sua densidade, influenciam no funcionamento de cada região urbana.

O parcelamento e a lei de uso e ocupação do solo fazem parte do plano diretor. Este, como vimos, busca abarcar pelo menos alguns dos aspectos mais relevantes das dimensões urbanas.

Uma das dimensões – a territorial – tem a característica especial de raramente ficar refletida na estrutura administrativa da prefeitura. Se saúde, educação, meio ambiente e indústria têm com frequência uma secretaria dedicada especialmente à elaboração de propostas para as respectivas áreas, além de atenderem as atribuições municipais específicas e, enfim, gerenciá-las, a dimensão territorial, por sua vez, não é respaldada por órgão municipal específico, um órgão dedicado que cuide tanto do planejamento quanto de seu cumprimento, como a verificação do cumprimento das leis que estabelecem o zoneamento, o parcelamento e as diretrizes de uso e ocupação do uso. No entanto, são todas essas leis que dirigem a ordenação das atividades na cidade e merecerão aqui atenção especial.

4.1 Parcelamento do solo

Entre os instrumentos fundamentais para o planejamento urbano estão as leis que regulamentam as atividades que podem ser exercidas nas cidades. Como essas atividades ocupam um território, um dos pilares do planejamento

♦ A importância de leis que regulamentem como o território pode ser ocupado diz respeito tanto a interesses privados quanto, e principalmente, a interesses comuns.

urbano é estipular as diretrizes de ocupação desse território, ou seja, como ele pode ser usado.

A importância de leis que regulamentem como o território pode ser ocupado diz respeito tanto a interesses privados quanto, e principalmente, a interesses comuns.

Os interesses privados de propriedade devem ser protegidos, mas sua ocupação é regulamentada para que aquilo que é vantajoso para uma parte não cause prejuízo para a outra parte. Para facilitar o seu entendimento, vamos utilizar como exemplo alguém que tenha um lote em uma região tranquila, com uma rua estreita e sem tráfego, além de receber boa insolação. Então, um belo dia, os demais proprietários dos lotes da quadra (suponhamos que sejam dez lotes) resolvem edificar torres gigantescas, com 40 andares e 6 apartamentos por andar. Imediatamente, o proprietário da casa perde toda a insolação, e o tráfego, outrora calmo, passa a receber aproximadamente o movimento de 1.200 carros por dia, isto é: 10 torres x 20 andares x 6 apartamentos x 1 carro por apartamento. Como ficaram os interesses? Quem foi favorecido na relação entre vantagens e prejuízos?

É evidente que, enquanto aqueles que edificaram as torres residenciais certamente se beneficiaram financeiramente por ocuparem ao máximo seus lotes, os moradores tradicionais das casas térreas perderam a qualidade de vida que outrora tinham.

Porém, mais do que em função dos interesses privados de cada proprietário, cabe ao governo estabelecer as regulamentações para que a ocupação de determinado território não prejudique a coletividade. Imagine que o exemplo citado anteriormente fosse multiplicado por um conjunto de 100 quadras que estivessem à beira de um lago ou represa de onde fosse retirada água para o abastecimento da cidade. Nesse caso, os moradores locais conviveriam com problemas imediatos, como o aumento do tráfego; porém, o mais grave é que essa ocupação, impermeabilizando o solo e removendo a cobertura vegetal, afetaria diretamente a oferta de água desse lago ou represa, prejudicando uma população muito maior. Esses são apenas dois exemplos de que as regulamentações da apropriação do território são pilares para o bom planejamento urbano.

A Lei nº 6.766, de 19 de dezembro de 1979, conhecida como *Lei do Parcelamento do Solo*, é a base legal para que o município possa assegurar uma ocupação adequada de seu território, tanto em relação aos lotes quanto aos equipamentos urbanos, às vias, à infraestrutura, às áreas coletivas etc.

Em âmbito federal, a Lei nº 6.766/1979 foi a primeira a trazer indicativos mais precisos de como o território urbano deveria ser ocupado, com parâmetros urbanísticos como tamanho mínimo do lote e testada (face que dá frente à via pública), faixas não edificáveis, bem como regulamentação nas transações de compra e venda. Estados, Distrito Federal e municípios podem ainda estabelecer regulamentações próprias, desde que não firam a lei federal.

♦ Mais do que em função dos interesses privados de cada proprietário, cabe ao governo estabelecer as regulamentações para que a ocupação de determinado território não prejudique a coletividade. ♦

Apesar dos avanços urbanísticos trazidos por essa lei ou justamente por eles existirem explicitamente pela primeira vez no país, houve ampla discussão sobre seu conteúdo e praticidade, levando em consideração aspectos como uma mesma lei aplicada para realidades urbanas muito diferentes no território nacional, necessidade de reforçar a proteção ambiental, possível exclusão socioespacial motivada involuntariamente pelos parâmetros exigidos, entre outros pontos. Por isso, o Projeto de Lei nº 3.057/2000, sob responsabilidade da Comissão de Desenvolvimento Urbano da Câmara dos Deputados, está em discussão para substituí-la. É claro que uma série de dispositivos da Lei nº 6.766/1979 são mantidos; porém, pela atualidade do tema, seguimos este estudo já tendo como referência o novo projeto de lei.

O art. 2º do Projeto de Lei nº 3.057/2000 traz as definições das unidades territoriais que compõem os municípios, desde a definição do que é área urbana à determinação dos elementos que são considerados como infraestrutura básica e fração ideal. Esses são os itens que iremos analisar na sequência, de acordo com o artigo e projeto de lei aos quais nos referimos aqui.

> I – *área urbana: a parcela do território, contínua ou não, incluída no perímetro urbano, pelo plano diretor ou por lei municipal específica, que não se enquadre na definição de área rural;*
>
> II – *área rural: a parcela do território destinada à exploração agrícola, pecuária, agroindustrial, extrativista ou mineral;*
>
> IV – *gleba: o imóvel que ainda não foi objeto de parcelamento do solo para fins urbanos realizado nos termos desta Lei;*
>
> VIII – *loteamento: a divisão de gleba em lotes destinados à edificação, com abertura de novas vias públicas ou logradouros públicos, ou com prolongamento, modificação ou ampliação das vias públicas ou logradouros públicos existentes;*

X – condomínio urbanístico: a divisão de gleba ou lote em frações ideais, correspondentes a unidades autônomas destinadas à edificação e áreas de uso comum dos condôminos, que não implique na abertura de logradouros públicos, nem na modificação ou ampliação dos já existentes, podendo haver abertura de vias internas de domínio privado;

XVII – infra-estrutura básica: os equipamentos de abastecimento de água potável, disposição adequada de esgoto sanitário, distribuição de energia elétrica e solução de manejo de águas pluviais;

XVIII – infra-estrutura complementar: iluminação pública, pavimentação, rede de telefonia, de fibra ótica e outras redes de comunicação, rede de gás canalizado e outros elementos não contemplados na infra-estrutura básica;

XXI – licença ambiental: ato administrativo pelo qual o órgão competente do Sistema Nacional do Meio Ambiente (Sisnama) estabelece as condições e restrições de natureza ambiental que devem ser obedecidas pelo empreendedor para implantar, alterar, ampliar ou manter parcelamento do solo para fins urbanos e para proceder à regularização fundiária.

As definições que acabamos de ler, em um total de 12 e oriundas do Projeto de Lei nº 3.057/2000, servem de base para entendermos como se estrutura o parcelamento do solo urbano. Já o título II do referido projeto trata especificamente *Do Parcelamento do Solo para Fins Urbanos*. Nele encontramos alguns dos principais pontos, que destacaremos a seguir.

✦ Mesmo que a definição do perímetro urbano seja decisão de esfera municipal, é a lei federal que coloca restrições a tal procedimento. ✦

✦ O capítulo I, art. 4º, diz

que *Admite-se o parcelamento do solo para fins urbanos apenas no perímetro urbano definido por lei municipal*, o que já mostra uma importante característica do planejamento urbano brasileiro, ou seja, a articulação legal em diferentes esferas (nesse caso, na federal e na municipal). Porém, mesmo que a definição do perímetro urbano seja decisão de esfera municipal, é a lei federal que coloca restrições a tal procedimento, no art. 5º do mesmo capítulo, conforme veremos, pois declara que não se admite o parcelamento do solo para fins urbanos em locais:

I – *alagadiços e sujeitos a inundações, antes de tomadas as providências para assegurar o escoamento das águas;*

VII [...] *onde houver proibição para esse tipo de empreendimento em virtude de normas de proteção do meio ambiente ou do patrimônio paisagístico, ecológico, turístico, artístico, histórico, cultural, religioso, arqueológico, etnográfico ou espeleológico.*

Na lei supracitada, o capítulo II trata *Dos Requisitos para o Parcelamento*, em que encontramos uma significativa diferença quanto à Lei nº 6.766/1979. Enquanto esta estabelecia que a área mínima do lote deveria ser de 125 m², com frente mínima de cinco metros, o Projeto de Lei nº 3.057/2000 reduz a área mínima para 75 m², mantendo frente mínima de cinco metros. As diferenças continuam no art. 7º, no que se refere à destinação de área para uso público e comum, uma vez que legisla a esse respeito dizendo, em sua alínea II, que *as áreas destinadas a uso público ou a uso comum dos condôminos devem ser diretamente proporcionais à densidade de ocupação, bem como, nos termos das normas específicas, assegurar a acessibilidade aos portadores de necessidades especiais.* Isso respeitando o art. 9º, cujo texto estabelece que *O percentual de áreas destinadas a uso público nos loteamentos e condomínios urbanísticos, excluído o sistema viário, deve ser de, no mínimo, 15% [...]*. A combinação desses dois trechos do projeto de lei também se contrapõe ao que está disposto na Lei nº 6.766/1979, cujo porcentual destinado ao uso público era de 35% da área do loteamento.

Uma das abordagens que merece destaque no Projeto de Lei nº 3.057/2000, art. 85, é o capítulo I – *Da regularização fundiária sustentável de áreas urbanas – que visa à efetivação do direito social à moradia e à cidade, de forma ambiental, urbanística, social e economicamente sustentável, tendo por fundamento o reconhecimento da realidade dos assentamentos informais e parcelamentos irregulares, ocupados predominantemente por população de baixa renda, como um passivo socioambiental gerado pelo processo histórico desigual e excludente*. Apesar de já haver indicações de preocupação ambiental na Lei nº 6.766/1979, como quando da determinação de áreas não edificáveis junto a corpos d'água, o art. 85 do Projeto de Lei nº 3.057/2000 traz com mais ênfase, e inédita, a articulação entre o direito à moradia (dimensão social) com cuidados ambientais (dimensão ambiental).

Pelos breves tópicos já comentados, vimos que a *Lei de Parcelamento do Solo* – tanto quanto ao exposto na Lei nº 6.766/1979 quanto em sua reformulação, no Projeto de Lei nº 3.057/2000 – dispõe de muitas regulamentações, cujo conteúdo vai desde o projeto de parcelamento do solo aos procedimentos para sua aprovação até a entrega das obras.

Neste estudo não cabe discutirmos mais profundamente esse projeto de lei. A intenção é ressaltar que ele é um dos pilares para o planejamento urbano, uma vez que dispõe sobre como o território da urbe pode ser apropriado respeitando direitos individuais e coletivos. Afinal, é tendo essa ocupação territorial como base que outros conceitos e instrumentos de planejamento urbano procurarão construir e gerir as cidades com a maior qualidade de vida possível para seus habitantes.

4.2 Uso e ocupação do solo

As diretrizes de uso e ocupação do solo são de responsabilidade do município, embora não possam ferir a lei federal de parcelamento do solo, parte do Projeto de Lei nº 3.057/2000. Isso fica claro nesse projeto de lei, em seu capítulo IV – Do Projeto de Parcelamento –, art. 20, no qual dispõe que *Antes da elaboração do projeto de parcelamento, o empreendedor deve solicitar à autoridade licenciadora que defina as diretrizes para:*

> *I – o uso e a ocupação do solo;*
> *II – o traçado do sistema viário, com base nas diretrizes de desenho urbano decorrentes do plano diretor ou de legislação urbanística municipal;*
> *III – a reserva de áreas destinadas a uso público, inclusive quanto a sua localização;*
> *IV – a reserva de faixas não edificáveis.*

Vamos explicar o primeiro item do Projeto de Lei nº 3.057/2000, que trata das diretrizes para o uso e a ocupação do solo. Primeiro, é importante esclarecer que cabe ao município estabelecer essas diretrizes em forma de lei – a *Lei de Uso e Ocupação do Solo* –, sendo que esta estabelece o conteúdo e a forma do que pode ser edificado em cada compartimento da cidade, ou seja, quais atividades são permitidas de serem exercidas nesses compartimentos e como elas podem ocupar seu lote. Essa lei, portanto, diz respeito a todos os cidadãos, e um dos pontos principais, quando de sua elaboração, foi o cuidado para que ela não fosse de difícil compreensão e não causasse dubiedades. Pelo jargão legislativo e técnico muitas vezes empregado, os principais interessados em sua aplicação – os cidadãos proprietários e empreendedores, e não os técnicos da prefeitura – não conseguem compreendê-la. Sua complicação* gera dificuldades de fiscalização, além de prejudicar a simulação de situações que demonstrem como um compartimento urbano ficaria se todos os seus lotes fossem ocupados segundo estabelece a *Lei de Uso e Ocupação do Solo*. Essa dificuldade pode esconder situações em que, caso essa ocupação plena ocorresse, ela causaria impactos de difícil solução a outros serviços e infraestruturas urbanos, como o transporte ou o fornecimento de água potável, por exemplo.

♦ A Lei de Uso e Ocupação do Solo, articulada com o zoneamento urbano, define as atividades que podem ocorrer em cada compartimento da cidade, dirigindo seu desenvolvimento socioeconômico e embutindo valorizações imobiliárias diferenciadas para cada região. ♦

♦ ♦ ♦

* Termo aqui usado no sentido metonímico de coisas complicadas, confusas, obscuras – conforme o Dicionário Houaiss (Houaiss; Villar, 2001) –; diferente de *complexidade*, que é uma situação esperada em cidades maiores.

A *Lei de Uso e Ocupação do Solo*, articulada com o zoneamento urbano, define as atividades que podem ocorrer em cada compartimento da cidade, dirigindo seu desenvolvimento socioeconômico e embutindo valorizações imobiliárias diferenciadas para cada região. Por esse motivo, pelo qual tanto o zoneamento quanto a lei devem ser amplamente discutidos com a população, para que privilégios individuais sejam evitados e o bem comum seja atingido.

Quando falamos da distribuição de atividades no território urbano, uma ideia comum que ficou sedimentada na história urbana do século XX foi a da distribuição isolada de atividades. Isso é notado mais claramente nas cidades planejadas, como vemos nas propostas de Lúcio Costa para Brasília ou de Alfred Agache para o Rio de Janeiro. Nos dois casos, característicos do urbanismo da primeira metade do século XX, há regiões na cidade que são exclusivas para a habitação, outras para atividades de órgãos públicos (os centros cívicos das propostas de Agache ou a Esplanada dos Ministérios em Brasília), outras para comércio, esportes etc.

Em alguns casos esse isolamento de atividades, como as indústrias poluentes, deve ser buscado. Porém, o que foi notado, seja por especialistas, seja pela população, é que uma certa mistura entre atividades de moradia, de comércio, de serviços, de órgãos públicos e mesmo de áreas produtivas é benéfica, tanto por evitar grandes deslocamentos quanto por manter a maior parte dos compartimentos da cidade vivos durante o dia e a noite.

Cabe, porém, ao zoneamento e à *Lei de Uso e Ocupação do Solo* buscar o equilíbrio entre as diferentes atividades. *Mas do que trata essa lei?* Para que possamos entendê-la, o mais fácil é dividi-la em suas duas partes, mesmo que os dois aspectos sempre caminhem juntos. A primeira parte trata do uso e da ocupação do solo; a segunda, corresponde a um modelo que integra uso e ocupação para um determinado compartimento.

Uso do solo

A lei para o uso do solo determina quais atividades podem ou não se estabelecer em cada compartimento da cidade. As cidades, para o planejamento urbano, são comumente divididas em zonas. Assim, de acordo com as atividades já existentes em algumas dessas zonas e o perfil que o planejamento urbano pretende que a cidade tenha, são definidos os parâmetros de quais usos podem acontecer em cada zona. Essa determinação de atividades permitidas ou proibidas de acontecerem, em áreas demarcadas, depende de dois princípios básicos:

1. No conjunto do plano urbanístico, qual o perfil se pretende para cada zona?
2. Entre todas as atividades possíveis, quais são incompatíveis e quais são complementares?

Por exemplo, em uma região que já vem se caracterizando por ser ocupada por residências, a lei deve evitar que se instalem indústrias, pois, a princípio, as duas atividades (residencial e industrial) têm usos incompatíveis – seja pela poluição atmosférica ou sonora das indústrias, seja pelo tipo de tráfego mais pesado que pode prejudicar a vivência das ruas residenciais.

Mas como em tudo o que se passa em um ambiente dinâmico, há gradações nas compatibilidades e incompatibilidades. Assim, nem toda indústria é sempre malvista em uma zona residencial.

Uma característica observada nos antigos bairros operários é a de que algumas famílias, depois de certa consolidação econômica, iniciavam pequenas atividades comerciais e industriais dentro de suas próprias casas para complementarem a renda: pequenas tecelagens, sapatarias, fábricas de bijuterias, oficinas de consertos de bicicletas ou computadores etc. Parte dessas atividades é industrial; portanto, se a lei fosse estrita (proibição de qualquer atividade industrial), elas não poderiam ser exercidas nessas zonas, o que implicaria impactos socioeconômicos para a sua população.

◆ O que normalmente acontece são gradações entre usos *proibidos, permitidos* e *permissíveis*. ◆

O que normalmente acontece são gradações entre usos *proibidos, permitidos* e *permissíveis*. Além disso, em cada um deles há algumas especificações sobre as atividades.

Assim, quanto aos termos *proibido, permitido* e *permissível*, entendemos (e assim o é) que os dois primeiros são absolutos; portanto, determinada atividade é proibida ou permitida – e isso está claro na lei, e preferencialmente também as razões. Já o vocábulo *permissível* diz respeito a atividades que estão a princípio proibidas, mas que em uma análise específica, se técnica e socialmente não forem consideradas danosas para a população local, poderão ser permitidas.

Quanto às especificações sobre as atividades, é comum dividi-las pelos impactos que podem causar no local e, justamente em função desses impactos, a atividade ter permissão ou não de acontecer. Ainda tomando como ponto de referência as indústrias, em uma zona preponderantemente residencial, podemos considerar que aquelas que gerem poluição atmosférica são proibidas, do mesmo modo que as indústrias com centenas de funcionários, pois trazem problemas para o trânsito. Em contrapartida, indústrias não poluidoras e de pequeno porte podem ser até bem-vindas por impulsionarem o desenvolvimento socioeconômico na região.

Podemos, então, organizar os parâmetros de uso do solo, conforme o quadro a seguir.

Quadro 5 – Exemplo de parâmetros de uso do solo

Usos permitidos	Usos permissíveis	Usos proibidos
Residencial	Indústrias tipo 1	Indústrias tipo 4
Comércio tipo 1		Comércio tipo 2

Explicaremos, a seguir, detalhadamente os dados do quadro supracitado:
- Indústria tipo 1: pequeno porte (até 50 funcionários), não poluidora;
- Indústria tipo 4: pequeno porte (até 50 funcionários), poluidora;
- Comércio tipo 1: pequeno porte (até 10 funcionários), vicinal, com área máxima de 200 m²;
- Residencial: habitações unifamiliares ou multifamiliares;
- Comércio tipo 2: grande porte (acima 50 funcionários), abrangência municipal, com área superior a 500 m².

Observe que as determinações dos usos são específicas para cada cidade. Embora haja parâmetros mais ou menos aceitos por institutos de pesquisa e por órgãos profissionais sobre o que seja um comércio de pequeno ou médio porte, bem como parâmetros técnicos para dizer se uma indústria é poluidora, as cidades têm liberdade para redefinir e ampliar as especificações desses usos. Notamos, no exemplo descrito anteriormente, que há a tentativa de evitar a colocação, em uma mesma zona, de usos incompatíveis, ao mesmo tempo em que existe a tentativa de colocar juntos usos complementares. Mas, ao lermos as especificações do *comércio tipo 1* e do *comércio tipo 2*, vemos que uma de suas caracterizações se deu pela área do empreendimento. Essa colocação foi proposital para ligarmos ao segundo aspecto da lei, que é a ocupação do solo.

Ocupação do solo

A lei, no que se refere ao *uso do solo*, preocupa-se com quais atividades podem acontecer em cada compartimento urbano, enquanto, ao preceituar sobre a questão da *ocupação*, determina os parâmetros mínimos e máximos de como essas atividades podem ocupar o solo da cidade. Eminentemente espaciais, os parâmetros que ocupação do solo podem evitar danos à população que ocupa determinada zona, além de induzir ou inibir características que sejam pretendidas para uma região da cidade.

Ainda tendo como exemplo o Quadro 5, no que diz respeito ao uso residencial, apenas consta que é residencial. Mas será que se pretende que o bairro seja de baixa densidade ou de alta densidade? É um bairro valorizado pelo mercado imobiliário ou ocupado por pessoas com menos recursos financeiros? Os parâmetros de ocupação do solo podem responder, direta ou indiretamente, a essas perguntas.

Como a ocupação do solo se refere estritamente aos aspectos espaciais das edificações que ocupam a cidade, temos que os parâmetros essenciais são: dimensão do plano horizontal do lote; dimensão vertical; coeficiente de aproveitamento; taxa de ocupação; recuos.

a) Dimensão no plano horizontal do lote

Essa medida se dá pela combinação da área mínima e pela testada mínima – lembrando que, pelo Projeto de Lei nº 3.057/2000, em substituição à Lei nº 6.766/1979, esse parâmetro *mínimo* não pode ser inferior a 75 m² de área do lote por 5 m de testada. Quanto às dimensões no plano horizontal, os parâmetros são mínimos, e, sem desrespeitar a lei federal, os municípios podem determinar dimensões distintas para diferentes zonas da cidade. Por exemplo, em um bairro destinado a moradias populares, para que essa população possa adquirir lotes, a tendência é respeitar ou se aproximar do mínimo da lei federal, pois lotes de 500 m² de área por 20 m de frente, razoáveis se pensarmos em bairros de classe alta, inviabilizariam sua aquisição por uma grande fatia da população.

b) Dimensão vertical

Nesse caso, procuramos estabelecer a altura *máxima* da construção, seja em metros, seja em pavimentos. Quando se trata de zonas residenciais ou destinadas a comércio e serviços verticalizados, normalmente essa dimensão é traduzida em número de pavimentos; no entanto, quando se trata de atividades industriais ou comércio de grandes superfícies (como supermercados ou *shopping centers*), ela é traduzida em metros de altura máxima.

c) Coeficiente de aproveitamento

Esse é o parâmetro que define o potencial construtivo de um terreno e traduz-se em quantas vezes a sua área pode ser construída. Por exemplo, se um terreno de 500 m² tem coeficiente de aproveitamento igual a 2, significa que nele pode haver 1.000 m² de área edificada. Assim, dois terrenos com 500 m², um de cada lado de uma rua, podem ter valores imobiliários diferentes por terem distintos coeficientes de aproveitamento.

d) Taxa de ocupação

O que é determinado pela taxa de ocupação é o porcentual da superfície do terreno que pode ser ocupado com área edificada. Podemos ver as diferenças na figura a seguir, com três lotes configurados em um esquema representativo das taxas de ocupação do solo.

Figura 2 – *Esquema representativo das taxas de ocupação do solo*

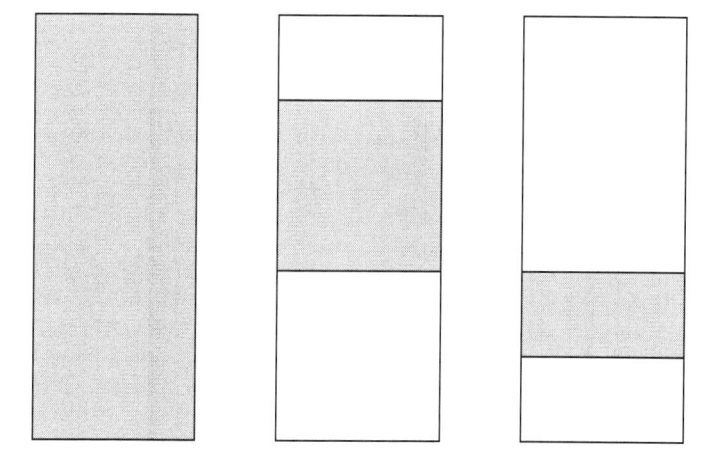

No primeiro lote, à esquerda, a taxa de ocupação é de 100%, ou seja, podemos edificar ocupando toda a superfície do terreno. No segundo lote, a taxa de ocupação é de 40%, e no terceiro, 20%. A maior implicação, no que se refere à taxa de ocupação, é a superfície permeável (não edificada) que se manterá no terreno.

e) Recuos

Finalmente, os recuos ou afastamentos correspondem às distâncias mínimas que devem ser mantidas da frente, do fundo e das laterais do lote, para que se inicie a edificação. Normalmente, os recuos são expressos em metros e visam, por exemplo, preservar a insolação de cada lote. Por vezes, em edifícios verticalizados, esses recuos podem variar segundo o pavimento – cinco metros de recuo frontal e recuo lateral livre para o térreo e cinco metros de recuo para os demais pavimentos. Esses recuos ainda podem ter relação com a altura do edifício, por exemplo: cinco metros de recuo frontal para todos os pavimentos e recuo lateral livre para o térreo, além de 20% da altura do edifício para os recuos laterais dos pavimentos superiores.

✦ ✦ ✦

A paisagem de uma cidade, com consequências possíveis sobre densidade construída, densidade demográfica, conforto térmico, valorização imobiliária etc., tem uma de suas origens na combinação dos parâmetros de uso e ocupação do solo.

✦ ✦ ✦

Vamos imaginar que estamos falando de uma zona que fica próxima a um rio ainda com mata nativa e de onde é retirada a água para o abastecimento da cidade. Nessa situação, todo o cuidado deve ser tomado, para que esse corpo d'água seja preservado, pois uma ocupação intensa e que proporcionasse a impermeabilização do solo nas proximidades desse rio seria danosa para a cidade. É em tais circunstâncias que os parâmetros de uso e ocupação determinados para tal zona podem intensificar ou evitar o problema. Nesse caso, quanto menor a densidade populacional, menor o impacto e, quanto mais permeável se mantiver a área, melhor. Busca-se, então, apenas permitir dimensões verticais baixas, grandes áreas, pequeno percentual na taxa de ocupação e baixo coeficiente de aproveitamento. Isso induzirá a uma ocupação de baixa densidade populacional, o que se espera que possa proteger ao máximo essa zona de importância ambiental.

Para que tenhamos melhor compreensão, um quadro típico dos parâmetros de uso e ocupação do solo pode ser representado (para dois lotes com as mesmas dimensões) como nos quadros a seguir:

Quadro 6 – Exemplo de parâmetros de ocupação do solo

Ocupação	Lote 1	Lote 2
Dimensões horizontais	500 x 20 (área por frente)	500 x 20
Dimensão vertical	20 pavimentos	7 metros
Coeficiente de aproveitamento	10	1
Taxa de ocupação	75%	50%
Recuos	Térreo: livre Superiores: 5 metros	5 metros

Quadro 7 – *Exemplo de parâmetros de uso do solo*

Uso	Lote 1	Lote 2
Permitidos	Residencial coletivo Residencial individual	Indústrias não poluidoras Comércio da região
Permissíveis	Comércio local Serviços (somente no 1º e 2º pavimentos)	Residencial individual
Proibidos	Indústrias não poluidoras Institucional	Residencial coletivo Institucional

Com base na observação desses quadros, é possível verificarmos que há uma inter-relação entre os usos permitidos e permissíveis e os parâmetros de ocupação dos lotes. Uma região onde se permite até 20 pavimentos mostra a intenção de verticalização e densificação populacional expressa no plano. Por isso, os usos permitidos são residenciais – especialmente residenciais coletivos. Para que haja usos diuturnos, são incentivados usos de comércio e serviços; porém, por ser uma zona residencial, só são permissíveis nos dois primeiros pavimentos. A palavra *permissível* é importante no lugar de *permitido*, pois sugere que haja consulta e aprovação por parte do órgão gestor do planejamento urbano. Por outro lado, uma área com a mais baixa densidade construtiva (permitindo apenas um pavimento com sete metros e generosos recuos) tem usos permitidos para a indústria e para o comércio com capacidade para atender uma região – diferentemente do primeiro caso, voltado ao comércio local, para a vizinhança.

Densidade urbana

Os parâmetros de uso e ocupação do solo implicam diretamente as densidades populacional e construída de cada zona da cidade. *Densidade populacional* é o número de habitantes em uma área, por exemplo, 1.000 habitantes por quilômetro quadrado. Já a *densidade construída* é a área de edificações pela área ocupada por elas, por exemplo, 70 mil m² por hectare. A "densidade torna-se um referencial importante para se avaliar tecnicamente e financeiramente a distribuição e consumo de terra urbana, infraestrutura e serviços públicos em uma área residencial" (Acyoli; Davidson, 1998, p. 16). Assim, o cruzamento dos parâmetros de uso e ocupação do solo, que influenciam diretamente na densidade urbana que se pretende para cada zona da cidade, é uma decisão que, mesmo que esteja expressa em números geométricos (área do lote, recuos, altura, taxa de ocupação etc.), tem implicação direta na qualidade de vida urbana. É, portanto, um fator fundamental a ser trabalhado no planejamento urbano.

> Os parâmetros de uso e ocupação do solo implicam diretamente as densidades populacional e construída de cada zona da cidade.

✦ ✦ ✦

Não há uma regra geral para dizermos qual das duas, a alta ou a baixa densidade, é melhor para a qualidade de vida urbana.

✦ ✦ ✦

Alguns autores ilustram bem as vantagens e as desvantagens das densidades mais altas ou mais baixas para uma cidade. Por exemplo, a alta densidade traz vantagens pelo uso mais eficiente do solo urbano e também para a eficiência da infraestrutura, controle social e economias de escala; porém, está ligada à degradação ambiental, congestionamentos e poluição. Por outro lado, zonas urbanas com baixa densidade têm problemas por tornarem mais difícil a oferta de serviços urbanos, encarecerem o transporte público e possibilitarem pouca interação social; no entanto, têm como vantagens a menor degradação do meio ambiente, possibilidades de soluções de saneamento de baixo custo e de propiciarem uma vida mais tranquila.

Síntese

Entre os instrumentos fundamentais para o planejamento urbano estão as leis que regulamentam as atividades que podem ser exercidas nas cidades. Como essas atividades ocupam um território, um dos pilares do planejamento urbano é estipular as diretrizes de ocupação desse território, ou seja, com o que ele pode ser usado e como pode ser ocupado. As diretrizes de uso e ocupação do solo são de responsabilidade do município e definem seu desenvolvimento socioeconômico, embutindo valorizações imobiliárias diferenciadas para cada região. Na definição dos usos estipulam-se quais são permitidos e proibidos, além dos permissíveis, segundo análises específicas. Na definição das ocupações, consideram-se tanto as características do terreno como a forma final que se quer para cada região da cidade, alterando suas densidades de ocupação.

Questões para revisão

1. A figura a seguir mostra três terrenos iguais, vistos em planta. Considerando-se os parâmetros básicos de ocupação do solo, esse esquema se refere:

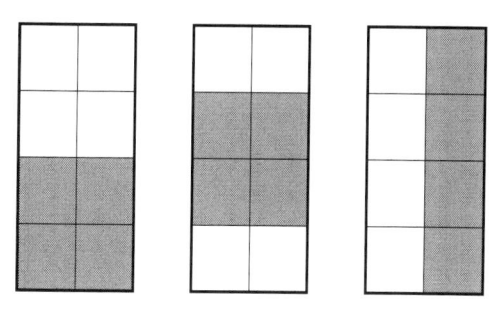

   a) à taxa de ocupação e aos recuos.
   b) à área mínima do lote e à altura máxima da edificação.
   c) à área mínima do lote e ao coeficiente de aproveitamento.
   d) à taxa de ocupação e à altura máxima da edificação.

2. Assinale a alternativa que relaciona, de forma correta, os conceitos com suas definições:

1	Área urbana	A	Parcela do território, contínua ou não, incluída no perímetro urbano.
2	Condomínio	B	Imóvel que ainda não foi objeto de parcelamento do solo para fins urbanos.
3	Gleba	C	Divisão de gleba ou lote em frações ideais, correspondentes a unidades autônomas.

a) 1-A; 2-B; 3-C.
b) 1-B; 2-A; 3-C.
c) 1-A; 2-C; 3-B.
d) 1-B; 2-C; 3-A.

3. Assinale a alternativa correta:
   a) As diretrizes de uso e ocupação do solo são de responsabilidade do município.
   b) As diretrizes de uso e ocupação do solo são de responsabilidade do prefeito.
   c) As diretrizes de uso e ocupação do solo são de responsabilidade da Câmara Municipal.
   d) As diretrizes de uso e ocupação do solo são de responsabilidade do proprietário do imóvel.

4. Quais são os cinco parâmetros básicos que determinam a ocupação do solo urbano?

5. A lei de uso e ocupação do solo apresentada neste capítulo refere-se a qual das cinco dimensões do planejamento urbano?

Questão para reflexão

A diversidade de usos em todos os bairros das cidades é uma característica principalmente das pequenas e médias cidades brasileiras. Qual seria uma vantagem dessa diversidade para a qualidade de vida da população? E qual seria uma desvantagem para a oferta de serviços públicos?

capítulo cinco

Serviços e infraestrutura

Conteúdos do capítulo

+ Serviços públicos municipais, com destaque para o esgoto (saneamento básico).
+ Serviços públicos urbanos supramunicipais, com destaque para fornecimento de água, coleta e tratamento de esgoto e telecomunicações.

Após o estudo deste capítulo, você será capaz de:

1. compreender que problemas que afetam o dia a dia da população, como fornecimento de água, coleta e tratamento de esgoto e coleta de resíduos sólidos, entre outros, têm duas escalas distintas;
2. entender que se, por um lado os problemas são de responsabilidade do município, por outro, são de natureza supramunicipal. Ao abranger vários municipios, por vezes é o estado, por vezes são agências intermunicipais que os gerenciam. A natureza dos problemas ligados a eles e as formas de gestão supramunicipal são o foco de aprendizagem deste capítulo.

O plano diretor, instrumento por excelência do planejamento urbano, tenta dar conta de todas as dimensões da urbe, propondo direcionamentos para que elas atendam o melhor possível às demandas da população, além de resolver ou evitar problemas.
Parte das propostas do planejamento urbano traduz-se em leis que asseguram direitos e estipulam deveres aos que moram e utilizam a cidade – como é o caso das leis de uso e ocupação do solo. Nesse ponto, o poder público não age diretamente com obras, mas regulamenta as atividades empreendedoras de empresários e moradores. Há, contudo, situações em que o poder público deve agir diretamente para assegurar à população o atendimento de serviços e equipamentos que são deveres constitucionais do município (como o ensino de primeiro grau) ou outros propostos pelo próprio município em seu plano diretor.

5.1 *Serviços públicos municipais*

No Capítulo I da Lei nº 10.257/2001 (Estatuto da Cidade*), no art. 2º, constam entre as diretrizes gerais da política urbana, a oferta de equipamentos urbanos e comunitários, o transporte e os serviços públicos adequados aos interesses e necessidades da população e às características locais. Apesar

♦ Sabemos que cabe ao município a educação de primeiro grau, o atendimento de saúde básico e a assistência social. ♦

---

* O Estatuto da Cidade regulamenta os arts. 182 e 183 da Constituição Federal de 1988.

dessas linhas genéricas, em nenhum outro momento qualquer serviço público essencial para as cidades é citado, a não ser o transporte público. Mas podemos segmentar esses serviços em três categorias fundamentais, que muitas vezes se mesclam: infraestrutura, equipamentos urbanos e serviços.

Pela ordem inversa, sabemos que cabe ao município a educação de primeiro grau, o atendimento de saúde básico e a assistência social. Parte desses serviços necessita de edificações para a sua realização. É o caso do ensino de primeiro grau, pois, além da parte pedagógica, que envolve contratação de professores, distribuição de material escolar básico etc., é preciso que haja edifícios que abriguem o ensino: as escolas. Também há os postos de saúde, para abrigar o provimento de assistência médica emergencial à população, ou, ainda, os ginásios de esportes para abrigar atividades esportivas, sociais e de lazer. Esses são equipamentos urbanos. E, finalmente, para que a cidade funcione, é necessário que haja infraestrutura, como redes de energia elétrica, telefonia, redes de água e esgoto etc.

As tristes imagens de grandes rios urbanos mortos, como Pinheiros e Tietê, em São Paulo, ou a Baía de Guanabara, no Rio de Janeiro, imunda, afugentam usos de lazer e demonstram um impacto negativo dificilmente reversível, causado pelo descuido com o meio ambiente.

Em relação a essas três categorias fundamentais do atendimento público à população do município – serviços, equipamentos urbanos e infraestrutura –, e considerando que elas servem para atender às dimensões urbanas, a primeira tentação seria distribuirmos cada uma dentro de uma dimensão específica.

Infelizmente isso não é possível, pois não podemos alocá-las apenas em uma das dimensões urbanas, já que vários aspectos dessas três categorias dão suporte a mais de uma dimensão. É o caso da rede de esgoto.

A instalação de um sistema de coleta e tratamento de esgoto permite que seja menor o impacto negativo das atividades humanas no meio ambiente natural. As tristes imagens que vemos de grandes rios urbanos mortos, como Pinheiros e Tietê, em São Paulo, ou a Baía de Guanabara, no Rio de Janeiro, imunda, afugentam usos de lazer e demonstram um impacto negativo dificilmente reversível, causado pelo descuido com o meio ambiente. Descuido que teve início com uma ocupação urbana desordenada e desmedida em áreas que deveriam ser mantidas intactas ou com uso severamente controlado, e que continua com o uso da baía e dos rios como destino de esgoto residencial e industrial.

De acordo com dados do IBGE (Brasil, 2000a), 800 toneladas de esgoto, por dia, têm como destino o rio Tietê, isso sem contar as 300 toneladas de esgoto industrial. A Baía de Guanabara recebe diariamente 1,6 milhão de toneladas de esgoto sem nenhum tratamento, segundo dados da Secretaria de Estado dos Recursos Hídricos do Rio de Janeiro. Em menor escala e com raríssimas exceções, é o que acontece com os rios em ambientes urbanos por todo o Brasil.

Segundo pesquisa do Sistema Nacional de Informações sobre Saneamento, 95% da população das áreas urbanas tem abastecimento de água e 50% tem coleta de esgoto. O crescimento é de aproximadamente 1% ao ano para ambos os serviços, conforme dados enviados pelos prestadores (Brasil, 2010).

Porém, considerando-se que o volume de esgoto gerado deveria corresponder ao volume de água consumida, esta mesma pesquisa traz dados mais preocupantes. Apenas 34,6% do esgoto gerado no Brasil recebe algum tratamento. A pior situação está na região Norte, com 11,2%, e a melhor na região Centro-Oeste, onde 41,6% do esgoto gerado recebe tratamento.

Com as informações completas provenientes do Censo de 2000 podemos constatar que, no Brasil, de 52% dos municípios que possuem esgotamento sanitário, apenas 32% o coletam, e 20% realizam coleta e tratamento. A desigualdade entre as regiões é grande, como mostra a Tabela 1.

Tabela 1 – Porcentual de coleta e tratamento de esgoto por região

Região	Esgoto só coletado (sobre o total de municípios)	Esgoto coletado e tratado (sobre o total de municípios)
Norte	3,5%	3,6%
Nordeste	30%	13%
Centro-Oeste	6%	12%
Sudeste	60%	33%
Sul	17%	22%

Fonte: Adaptado de Brasil, 2002b, p. 41.

Também verificamos, com base em dados do IBGE (Brasil, 2000a), que pouco mais da metade da população brasileira que vive nas regiões metropolitanas e capitais tem sistema de coleta de esgoto e sequer 20% têm seu esgoto tratado. Na Tabela 1, temos os percentuais para esgoto coletado e esgoto tratado para as cinco regiões do Brasil.

Observamos, portanto, que um sistema de coleta e de tratamento de esgoto doméstico e industrializado reduziria o impacto negativo no meio ambiente urbano provocado pelo esgoto. Podemos, então, colocar o tratamento de esgoto como uma dimensão do meio ambiente. De fato, água e esgoto têm impacto no meio ambiente; a questão, contudo, não se restringe a isso. Com base em dados de 2005 do Ministério da Saúde, nas regiões Norte e Nordeste, cerca de 13% das mortes de crianças de até quatro anos decorrem de doenças infecciosas e parasitárias que estão ligadas à falta de saneamento básico, compreendendo fornecimento de água potável e coleta de esgoto e lixo. Embora seja fato que houve melhora nesses indicadores, se os compararmos ao percentual registrado em 1993, quando era de 21% para a região Norte e 30% para a região Nordeste, não podemos deixar de concordar que 13% é ainda um índice elevado. Seria correto, então, tomando como base tais situações, afirmarmos que o sistema de coleta e tratamento de esgoto pode ser incluído na dimensão urbana da saúde. No entanto, como vimos, também se trata de uma questão ambiental.

Assim, esse exemplo nos mostra que, embora as dimensões urbanas nos ajudem a entender a complexidade da vida em uma cidade e auxiliem as administrações públicas a distribuírem a gestão urbana por secretarias, os serviços, os equipamentos e a infraestrutura de uma cidade atendem a várias dessas dimensões. Nesse contexto, o desafio que comumente surge é o de gerenciamento. Senão, seria impossível ou ineficaz o procedimento em que cada secretaria afetada por uma questão tratasse dela internamente de forma completa, pois isso envolve questões sociais, logísticas e infraestruturais.

Recorrendo ainda ao exemplo do esgoto, o que observamos é que não seria viável que a responsabilidade sobre ele fosse dividida entre as secretarias municipais de Saúde e de Meio Ambiente. Afirmamos isso, porque, primeiro, de qual parte do sistema de coleta e tratamento de esgoto cada uma trataria? Ora, não dá para dividir simplesmente a questão. Segundo, se as duas tratarem do problema e tiverem posturas diferentes, teríamos, então, dois sistemas distintos na cidade? Isso causaria um prejuízo financeiro ao município, o qual teria de manter duas equipes trabalhando sobre o mesmo assunto, além dos custos de implantação de duas versões do mesmo sistema. Além disso, poderia acontecer de cada uma das secretarias (Saúde e Meio Ambiente, em nosso exemplo) adotar postura diferente, por vezes até contraditórias entre si – o que acarretaria uma pane, pois as ações pretendidas por uma dimensão poderiam impedir ou prejudicar as medidas pretendidas pela outra.

O que costumamos ver, portanto, são entidades municipais, estaduais ou mesmo privadas que mantêm o sistema por concessão sobre um serviço público serem responsáveis pelo sistema de esgoto (ou de água e esgoto, comumente). Essas entidades são responsáveis não só pelo funcionamento técnico do sistema de esgoto como também por ouvir, analisar e buscar implementar as demandas e as propostas das diferentes dimensões urbanas afetadas por esse serviço e infraestrutura.

5.2 *Serviços públicos urbanos supramunicipais*

Mesmo que consideremos que serviços como saneamento básico – água, esgoto e coleta de resíduos sólidos – são de escala municipal por força da lei, ou seja, que cada município é responsável pelo atendimento de seus cidadãos nesses quesitos, é muito comum que sua implementação e gerenciamento sejam compartilhados por outros municípios. Isso reduz custos com infraestrutura, corpo técnico e gerenciamento. Exemplo disso é a Companhia de Saneamento do Paraná (Sanepar), empresa de caráter misto (pública e privada), que é responsável pela captação, tratamento e distribuição de água para 85% dos 399 municípios do estado. Além disso, cabe a ela coletar e tratar o esgoto doméstico e industrial nesses municípios. Hoje, dentro dos municípios atendidos pela Sanepar, 98% dos domicílios têm água encanada e a coleta de esgoto atende a quase 4 milhões de habitantes (47% da população) – sendo que desse total 94% recebem tratamento.

A abrangência supramunicipal do fornecimento de um serviço essencial não tem razão de ser exclusiva em sua economia de recursos e facilidades de gerenciamento, pois compartilha informações e decisões conjuntas.

Mesmo em municípios que têm seu próprio organismo gerenciador dos serviços de água e esgoto, como é o caso de Limeira, em São Paulo, cuja responsável é uma concessionária privada, a abrangência do serviço extrapola os limites do município. Limeira se abastece primordialmente do rio Jaguari*, cuja captação fica a 15 quilômetros da estação de tratamento de água do município. Esse rio, controlado pelo Comitê das Bacias Hidrográficas dos Rios Piracicaba, Capivari e Jundiaí, abastece outras cidades e corre por quatro cidades do Estado de Minas

◆ ◆ ◆

* O rio Jaguari, cuja bacia é considerada federal, pois abrange territórios de dois estados (MG e SP), ao unir suas águas com as do rio Atibaia, em Americana-SP, dá origem ao rio Piracicaba.

Gerais e 15 do Estado de São Paulo. A bacia hidrográfica do rio Piracicaba comporta mais de 60 municípios, entre eles Limeira.

Nesse tipo de situação, se um município despejar no rio esgoto não tratado, isso afetará diretamente os que se encontram à jusante*, inviabilizando, por exemplo, a possibilidade de retirar dele água para abastecimento. Assim, as bacias hidrográficas não se importam ou não se sujeitam, digamos assim, aos limites administrativos dos municípios, pois partes de diferentes municípios compõem uma mesma bacia.

Há ainda alguns serviços que hoje são essenciais para a vida urbana e importantes para o desenvolvimento socioeconômico dos municípios e, no entanto, nem parcialmente estão entre as atribuições dos órgãos municipais oficiais. É o caso das telecomunicações.

Esse é um ótimo exemplo de que o planejamento urbano deve tratar no dia a dia, e não só teoricamente, com questões que extrapolam seus limites oficiais, como é o caso de considerar as bacias hidrográficas como unidades de gestão territorial quando se trata de recursos hídricos.

♦ ♦ ♦

Um dos instrumentos de gerenciamento territorial que ganharam relevância nas últimas duas décadas foram as agências reguladoras de bacias.

♦ ♦ ♦

♦ ♦ ♦

---

* Corresponde ao sentido da correnteza (da nascente para a foz) num curso de água.

Há ainda alguns serviços que hoje são essenciais para a vida urbana e importantes para o desenvolvimento socioeconômico dos municípios e, no entanto, nem parcialmente estão entre as atribuições dos órgãos municipais oficiais. É o caso das telecomunicações. Até a década de 1960, este setor funcionou sem nenhuma regulamentação no Brasil, e era baseado em redes e serviços que operavam de forma ainda precária. Naquele período a União e os municípios podiam explorar a telefonia, diretamente ou através de outorga, inclusive estabelecendo as tarifas, gerando conflitos e ingerências em todo o sistema.

Apenas em 1962, com a aprovação do *Código Brasileiro de Telecomunicações* (CBT), é que se iniciou a organização do setor. Três anos depois foi criada a Empresa Brasileira de Telecomunicações (Embratel), cuja missão principal foi a de interligar o território nacional e viabilizar a comunicação internacional automática. Uma de suas primeiras ações foi centralizar o poder de outorga dos serviços de telecomunicações no país. Nesse processo, de cerca de mil operadoras de pequeno porte espalhadas pelo território nacional passamos a contar com 27 empresas regionais agrupadas à Telecomunicações Brasileiras S. A. – Telebrás, constituída em 1972 com a função e a responsabilidade de planejar, implantar e operar o Sistema Nacional de Telecomunicações.

No entanto, o controle operacional excessivo, aliado à falta de exigência de resultados, não estimulava a evolução do setor. O resultado foi que a telefonia no Brasil, na década de 1990, era sinônimo de congestionamento, de queda nas ligações interurbanas e de número insuficiente de linhas telefônicas. Esta situação gerou, inclusive, um mercado paralelo de linhas telefônicas que por vezes valiam o preço de um automóvel.

Essas condições foram modificadas com a Emenda Constitucional nº 8, de 1995, quando houve a privatização do Sistema Telebrás e a Agência Nacional de Telecomunicações (Anatel) passou a ser a regulamentadora das operações. Nesse processo, operadores internacionais, altamente capacitados e competitivos, entraram no mercado brasileiro.

Sob essas circunstâncias, um grande número de pequenas empresas entrou no mercado brasileiro de telecomunicações, demonstrando que era possível encontrar soluções para atender o mercado, sem que houvesse a necessidade do monopólio estatal. Mas essa pulverização de mercado, em um período curto – isto é, em poucos anos – acabou por concentrar-se em poucas empresas privadas. No entanto, embora a ilusão de pulverização tenha acabado (em relação aos principais serviços), a eficiência do sistema é inegável quando comparada à época do monopólio estatal.

E, mesmo que os grandes investimentos só sejam possíveis para poucas empresas, novas tecnologias de acesso em banda larga por rádio ou cabo (por exemplo), aproveitando as redes metropolitanas de fibra óptica, estão cada vez mais disponíveis no país. Isso poderia, inclusive, permitir uma volta à escala municipal de responsabilidade de outorga em relação às telecomunicações, uma vez que os governos locais são os responsáveis pela gerência do espaço público urbano e têm, consequentemente, a prerrogativa do licenciamento desse espaço.

O art. 2º da Lei nº 9.472, de 16 de julho de 1997, conhecida como *Lei Geral das Telecomunicações*, estabeleceu que o poder público tem o dever de:

I – garantir, a toda a população, o acesso às telecomunicações, a tarifas e preços razoáveis, em condições adequadas;

[...]

V – criar oportunidades de investimento e estimular o desenvolvimento tecnológico e industrial, em ambiente competitivo.

Com isso, alguns municípios têm cobrado pela utilização do solo, do subsolo e do espaço aéreo de vias públicas e, em contrapartida, têm promovido programas de acesso público à internet em escolas e telecentros ou mesmo para todas as residências, além de terem a tecnologia à disposição de modo facilitado nos órgãos públicos, o que indiretamente beneficia a população.

Síntese

Mesmo que consideremos que serviços como saneamento básico – água, esgoto e coleta de resíduos sólidos – são de escala municipal por força da lei, ou seja, que cada município é responsável pelo atendimento de seus cidadãos nesses quesitos, é muito comum que sua implementação e seu gerenciamento sejam compartilhados por outros municípios. Isso reduz custos com infraestrutura, corpo técnico e administração.

Questões para revisão

1. Qual é o único serviço urbano explicitamente incluído pelo Estatuto da Cidade entre as diretrizes gerais da política urbana?
   a) Educação superior.
   b) Emprego.

c) Esporte e Lazer.
d) Transportes.

2. Que alternativa apresenta os termos que completam corretamente as afirmações a seguir?

   Nas regiões Norte e Nordeste, cerca de 13% das mortes de crianças de até quatro anos decorrem de doenças infecciosas e parasitárias que estão ligadas à falta de _____.

   Alguns serviços, como transportes e telecomunicações, deveriam ser analisados e geridos em escala _____.

   Cerca de _____ da população brasileira que vive nas regiões metropolitanas e capitais tem sistema de coleta e tratamento de esgoto.
   a) saneamento básico; supramunicipal; 20%.
   b) remédios; global; 80%.
   c) saneamento básico; global; 80%.
   d) remédios; supramunicipal; 20%.

3. Assinale a alternativa correta:
   a) Um sistema de coleta e de tratamento de esgoto doméstico e industrializado aumentaria o impacto negativo no meio ambiente urbano.
   b) Um sistema de coleta e de tratamento de esgoto doméstico e industrializado não afetaria o impacto negativo no meio ambiente urbano.
   c) Um sistema de coleta e de tratamento de esgoto doméstico e industrializado cessaria o impacto negativo no meio ambiente urbano.

d) Um sistema de coleta e de tratamento de esgoto doméstico e industrializado reduziria o impacto negativo no meio ambiente urbano.

4. Qual região brasileira apresenta maior oferta de esgotamento sanitário?

5. Quais são as três categorias fundamentais do atendimento público à população do município?

Questão para reflexão

Alguns dos principais problemas que afetam a vida dos cidadãos são de escala supramunicipal, o que faz com que sua gestão por órgãos também supramunicipais tenda a ser mais eficaz. Porém, essa organização administrativa ainda é incipiente no Brasil. Relacionando esse tema com o que foi discutido no Capítulo 1, qual a razão da dificuldade dessa organização supramunicipal?

capítulo seis

Mobilidade urbana

Conteúdos do capítulo

+ O transporte público no Estatuto da Cidade.
+ Crescimento da motorização no Brasil.
+ Forma urbana, uso do solo e mobilidade urbana.
+ Modais não motorizados.
+ Modais motorizados privados e coletivos.
+ Legislação brasileira de transporte público urbano.

Após o estudo deste capítulo, você será capaz de:

1. saber que o transporte público é o único serviço urbano explicitamente citado no Estatuto da Cidade.
2. ter um conhecimento amplo da importância da mobilidade urbana na organização das cidades e na qualidade de vida dos cidadãos, reconhecendo o crescimento da motorização no Brasil com um dos principais desafios na área.
3. analisar e propor planos de mobilidade urbana que integrem distintos modais de transporte.

O transporte público é o único serviço urbano explicitamente citado no Estatuto da Cidade. O usufruto da cidade depende do ir e vir, ou seja, de ações cotidianas: ir à escola ou ao trabalho; frequentar atividades especiais, como usar um posto de saúde ou consultar um médico; fazer o uso de equipamentos de lazer ou outras atividades sociais. O fato é que todas dependem de boas condições de locomoção nas cidades.

O transporte coletivo motorizado de qualidade é um dos principais meios de garantir direitos básicos aos cidadãos, uma vez que permite o acesso a serviços públicos, a equipamentos urbanos e ao mercado de trabalho. Porém, o número crescente de veículos privados em circulação (de um lado) e o aumento do número de viagens a pé (de outro) fazem com que seja cada vez mais necessário que a reflexão sobre transportes urbanos não se restrinja aos sistemas coletivos. Em vez disso, é preciso refletir sobre todos os meios de locomoção possíveis na cidade, e principalmente, pensar as articulações entre esses meios (Libardi; Sánchez; Duarte, 2007).

Como vimos nos exemplos das estruturas administrativas municipais, há municípios por todo o país que contam com secretarias de transporte – que comumente se dedicam ao transporte coletivo motorizado, isto é, aos ônibus. E os automóveis particulares ganham cada vez mais terreno nas cidades. De acordo com um levantamento feito pela Associação Nacional dos Transportes Públicos (ANTP) e o Ministério das Cidades (Brasil, 2004b), quanto mais populoso um município, maior o uso de automóveis particulares, conforme podemos observar na tabela seguir.

Tabela 2 – Número de automóveis por 100 habitantes

Faixa de população (x 1.000)	Automóveis por 100 habitantes
60 a 250	8.8
250 a 500	11.5
500 a 1 000	11.1
+ de 1 000	16.7

Fonte: Brasil, 2004b, p. 129.

Em contraposição, dados da mesma pesquisa da ANTP e do Ministério das Cidades (Brasil, 2004b, p. 133) mostram que mais de 35% da população brasileira sempre se deslocam a pé em trajetos superiores a 500 metros. Se para esses trajetos o uso de algum meio de locomoção já seria esperado, mesmo para percursos menores há um deslocamento necessário para o usufruto da cidade.

Nos últimos anos, os órgãos públicos responsáveis deixaram de focar o sistema de transporte coletivo de modo quase que exclusivo para ver nas outras modalidades de deslocamento e, principalmente, na sua integração a amenização de grande parte dos problemas causados pelo privilégio gerado pelo uso indiscriminado dos transportes motorizados.

O fato é que somos pedestres, estamos em qualquer outro modo de deslocamento. Assim, pensar as redes de mobilidade é a alternativa mais adequada para pensarmos todas as possibilidades de deslocamento urbano e como elas se articulam.

Nossa intenção, aqui, é consolidar a abordagem da mobilidade urbana, pois, quando pensamos os deslocamentos cotidianos na cidade exclusivamente em termos de transportes coletivos, cometemos um vício técnico. O fato é que somos pedestres, estamos em qualquer outro modo de deslocamento. Assim, pensar as redes de mobilidade é a alternativa mais adequada para pensarmos todas as possibilidades de deslocamento urbano e como elas se articulam. Para a ANTP e para o Ministério das Cidades, a mobilidade urbana deve ser entendida como "um atributo das cidades e se refere à facilidade de deslocamentos de pessoas e bens no espaço urbano" (Brasil, 2004b, p. 3). Tais deslocamentos são feitos através de veículos, vias e toda a infraestrutura (vias, calçadas etc.) que possibilitam esse ir e vir cotidiano. Isso significa que a mobilidade urbana é mais do que o transporte que chamamos de *urbano*.

Para nós, além dessa diversidade modal, importam as articulações entre os diferentes modos. Os pedestres, os carros e os trens não fazem parte de um mesmo sistema, pois têm características distintas de suporte, função e desempenho. Diferença de suporte, pois, por exemplo, enquanto os trens precisam de trilhos, estes, por sua vez, impedem o deslocamento dos carros; diferença de função, uma vez que os carros vão potencialmente de ponto a ponto, enquanto os trens apenas podem parar em estações espaçadas e em regiões com maior afluxo; diferença de desempenho, porque, se o incremento na velocidade dos carros é importante para os motoristas, pode ser perigoso para os pedestres.

Todavia, todas essas são formas de transporte ou estados de deslocamento urbano que fazem parte da vida cotidiana de milhões de pessoas. Estas, quando querem ou precisam ir a determinado local, não se movem em termos de sistemas de transporte, mas sim em redes de mobilidade urbana, cujo princípio fundamental é a articulação entre diferentes modos de deslocamento. A multimodalidade nos transportes urbanos pode promover os equilíbrios social, ambiental e econômico. É isso o que guia a política de mobilidade urbana, chamada de *Estatuto da Mobilidade Urbana*, em elaboração pelo Ministério das Cidades, e o que fez com que no ano de 2003 fosse criada, dentro do Ministério, a Secretaria Nacional de Transporte e da Mobilidade Urbana (SeMob).

Entre os princípios do art. 4º do *Estatuto da Mobilidade Urbana e Desenvolvimento Urbano* (Brasil, 2006c), destacam-se os que se referem *ao desenvolvimento sustentável e à transferência e participação social no planejamento, controle e avaliação da política de mobilidade urbana*. Entre as diretrizes, destacam-se: a *integração com a política de uso e controle do solo urbano; diversidade e complementaridade entre serviços e modos de transportes urbanos; a mitigação dos custos ambientais, sociais e econômicos e a priorização do transporte coletivo e não motorizado.*

> A multimodalidade nos transportes urbanos pode promover os equilíbrios social, ambiental e econômico.

Um dos principais eixos estratégicos do trabalho da SeMob está em "coordenar ações para a integração das políticas da mobilidade e destas com as demais políticas de desenvolvimento urbano e de proteção ao meio ambiente" (Brasil, 2004d). Essa ligação dos diferentes modos de mobilidade urbana com o impacto que causam ao meio ambiente urbano, tendo como referência um passageiro por quilômetro, está demonstrada em índices na Tabela 3.

Na tabela de índices de consumo que veremos a seguir, o consumo de energia foi calculado em gramas equivalentes ao petróleo consumido, enquanto a poluição teve seu cálculo baseado na emissão dos gases monóxido de carbono, hidróxido de carbono, óxidos de nitrogênio e de materiais particulados.

Tabela 3 – *Índices do consumo de energia, da poluição, da ocupação da via e do custo total, tendo como referência um passageiro por quilômetro*

Modo	Energia	Poluição	Área de Via	Custo Total
Ônibus	1	1	1	1
Moto	4,6	32,3	4,2	3,9
Automóvel	12,7	17	6,4	8

Fonte: Regina, 2002, p. 28.
Nota: Na elaboração desta tabela, foram também utilizados dados da ANTP e do Ministério das Cidades (2004).

Se isolarmos apenas o item *poluição* e dentro dele o poluente mais comum, o *monóxido de carbono* (mantendo como elemento de referência para comparação os passageiros por quilômetro), veremos que os carros particulares chegam a emitir 43 vezes mais poluentes do que os ônibus. No ano de 2003, os custos sociais com a poluição dos modos de transportes motorizados chegaram a R$ 4,4 bilhões, dos quais 62% têm os automóveis particulares como responsáveis (Brasil, 2004b, p. 139).

Isso estende o problema da poluição a outras dimensões urbanas, para além das questões ambientais, de forma geral. Os poluentes emitidos pelos motores de combustão também estão ligados a problemas de saúde pública. Vimos na Tabela 3 que os automóveis poluem 17 vezes mais que os ônibus, e as motos poluem 32,3 vezes mais. Isso se reflete em outro custo social, o qual liga as inadequações nos planejamentos e nas gestões de transportes à saúde pública, pois sabemos que dois terços dos leitos hospitalares nas áreas de traumatologia e ortopedia nas cidades de São Paulo, Rio de Janeiro, Brasília e Campinas são ocupados por acidentados no trânsito (Brasil, 2004a, p. 16). Além disso, 20 mil pessoas morrem anualmente vítimas de acidentes de trânsito no Brasil (Brasil, 2004b, p. 140).

Essa introdução ao tema mobilidade urbana tem o objetivo de destacar os efeitos nocivos do privilégio dos transportes motorizados e a importância de buscarmos alternativas para articular diversos modos de deslocamento em redes de mobilidade urbana.

6.1 Forma urbana, uso do solo e mobilidade urbana

Para o bom planejamento das cidades, as leis de uso e de ocupação do solo e a mobilidade urbana devem estar integradas, criando o maior número de possibilidades de locomoção, mas reduzindo os deslocamentos motorizados. Nesse sentido, os planos diretores municipais podem adotar medidas concretas, como:
+ regularizar as parcelas informais da cidade, reduzindo assim os deslocamentos necessários (principalmente da periferia informal ao centro);
+ estimular zoneamentos mistos que resultem na otimização do uso do território e dos deslocamentos;
+ buscar uma política habitacional que consolide áreas já ocupadas, evitando os custosos vazios urbanos;

- controlar a implantação de novos polos geradores de trânsito.

A cidade de Curitiba ficou conhecida justamente por atrelar à forma urbana o uso do solo e o transporte. Em seu plano diretor de 1966 já estava delineado que a cidade deveria crescer ao longo de eixos lineares para diminuir a saturação na região central. Para estimular esse crescimento, esses eixos receberiam o transporte público de massa.

> Para o bom planejamento das cidades, as leis de uso e de ocupação do solo e a mobilidade urbana devem estar integradas, criando o maior número de possibilidades de locomoção, mas reduzindo os deslocamentos motorizados.

Para criar demanda e estimular o uso desse transporte, apenas ao longo desses eixos foi permitido o adensamento populacional, liberando as construções de edifícios altos. Com o tempo, ainda para estimular o uso intenso dos eixos lineares, obrigou-se que os andares térreos desses edifícios recebessem estabelecimentos de comércio e serviços, com a diversidade de usos mantendo o sistema em funcionamento durante todo o dia.

Modos de deslocamentos não motorizados

Andar a pé e de bicicleta são os dois principais modos de deslocamento não motorizado. Somos todos fundamentalmente pedestres, sendo que nas grandes cidades 35% dos deslocamentos diários são feitos a pé.

As calçadas são a infraestrutura fundamental para estimular que as pessoas se desloquem a pé, propiciando conforto e segurança. Uma vez que as calçadas recebem, além de pedestres, o mobiliário urbano e a arborização das vias, elas devem ser desenhadas com o cuidado necessário para garantir a qualidade do piso, a largura da via e o alinhamento de mobiliário. A acessibilidade de pessoas com restrições de mobilidade, é importante ressaltar, não se resume a entrar em um determinado local ou veículo, mas inclui a possibilidade de deslocamento com conforto e segurança pela cidade.

A bicicleta constitui-se em uma alternativa barata de sistema de transporte com benefícios aos cidadãos, ao trânsito e ao meio ambiente. Quase dobrou em pouco mais de dez anos a frota nacional de bicicletas. Em 1994, elas eram 30 milhões; em 2007, eram 55 milhões. Mas a infraestrutura para o tráfego de bicicletas é praticamente inexistente no país, excetuando exemplos bastante isolados. Para a mais de 280 mil km de vias urbanas em cidades com população superior a 60 mil habitantes, temos apenas 600 km de ciclovias ou ciclofaixas, segundo levantamento da ANTP e do Ministério das Cidades (Brasil, 2004b, p.109).

Um ponto fundamental para a garantia da infraestrutura desse sistema modal* é a articulação com outros sistemas de

> A acessibilidade de pessoas com restrições de mobilidade, é importante ressaltar, não se resume a entrar em um determinado local ou veículo, mas inclui a possibilidade de deslocamento com conforto e segurança pela cidade.

✦ ✦ ✦

* O sistema modal utiliza uma única modalidade, isto é, o transporte é terrestre, ou aéreo, ou marítimo, ou ferroviário.

transportes – iniciativa de baixo custo e efetiva – através de pequenos equipamentos que garantam aos usuários percorrerem trechos de seu trajeto com diferentes modos e com segurança. Esses equipamentos são, por exemplo, bicicletários (estacionamentos) e paraciclos (barras metálicas para prender as bicicletas) instalados em pontos de grande movimento na cidade.

O cenário brasileiro atual não consegue integrar a bicicleta, como um modo de transporte, ao dia a dia. Quem usa a bicicleta é, em sua maioria, a parcela mais pobre da população ou, então, são aquelas pessoas para as quais ela é apenas um instrumento de lazer ou de prática esportiva. Podemos dizer que esse cenário foi criado pela cultura do automóvel e pela falta de infraestrutura oferecida aos cidadãos.

Modos de deslocamento motorizado privado

Segundo relatório da Organização Mundial de Saúde (OMS) apresentado em 2004, os motociclistas, junto com os ciclistas e os pedestres, responderão por 65% das vítimas do trânsito até 2020.

As motocicletas, para uso privado ou para negócios, fazem parte de uma grande quantidade de cidades brasileiras. Assim, não há como os planos de transportes municipais não lhes darem especial atenção, seja em relação à infraestrutura adequada, seja em programas de educação de trânsito, tanto para os motociclistas quanto para os usuários de outros modais. O caráter altamente poluente das motocicletas demandaria programas de não utilização da motocicleta; mas como ela é uma alternativa mais barata de deslocamentos urbanos, o factível é que haja pressão junto aos fabricantes para melhoria na tecnologia para reduzir gases poluentes.

O automóvel desenha boa parte de nossas cidades, que deixam de ter calçadas para gastarem o espaço em ruas largas, iluminadas e asfaltadas. Um conjunto de benefícios pessoais (a boa relação distância/tempo para aqueles que se locomovem de carro) e governamentais (programas de industrialização brasileira na década de 1970 fortaleceram a indústria automotiva) fez do carro o meio de transporte privilegiado no Brasil, cuja frota, hoje já expressiva, deve duplicar, em menos de dez anos.

Algumas medidas de restrição ao uso do automóvel podem ser propostas no processo de planejamento urbano para promover a democratização do espaço público da via, favorecendo pedestres, usuários de bicicletas e de transportes coletivos.

Modos de deslocamento motorizado coletivo

Metrôs, trens, *vans* e ônibus são exemplos de modos de deslocamento motorizado coletivo. O ônibus é certamente o mais importante para as cidades brasileiras. O interessante, porém, é que ele está no meio de dois mundos: de um lado, aqueles que não usam o transporte coletivo por não terem recursos financeiros para arcar com a tarifa; de outro, aqueles que usam o carro.

Assim, os programas de incentivo ao uso do transporte coletivo devem, ao mesmo tempo que garantem segurança e conforto, assegurar também tarifas socialmente equilibradas para que, com essas medidas combinadas, conquistem usuários dos dois lados dessa divisão socioeconômica que se manifesta nos deslocamentos urbanos.

Legislação brasileira de transporte público urbano

A legislação brasileira apoia substancialmente o transporte público, determinando que cabe aos municípios "a construção e manutenção das vias públicas", [bem como] "regulamentar o uso, gerir o sistema de transporte público e fiscalizar o cumprimento da legislação e normas de trânsito, no que se refere à circulação de veículos e pedestres" (Brasil, 2004b, p. 88).

♦ Algumas medidas de restrição ao uso do automóvel podem ser propostas no processo de planejamento urbano para promover a democratização do espaço público da via, favorecendo pedestres, usuários de bicicletas e de transportes coletivos. ♦

Podemos encontrar alguns pontos de relevo na legislação brasileira concernente ao transporte público:

* na *Constituição da República Federativa do Brasil* (de 1988): define o transporte público e atribui a responsabilidade de sua organização ao poder público local;
* no *Novo Código de Trânsito Brasileiro*: redefiniu a divisão dos poderes sobre o planejamento, a operação e a fiscalização do trânsito, dando à escala municipal importância fundamental;
* no *Estatuto da Cidade*: define critérios gerais de uso e ocupação do solo urbano que têm claras implicações para o trânsito e o para o transporte público;
* na *Lei dos Princípios e Diretrizes da Política de Mobilidade Urbana* (em aprovação): afirma que a mobilidade urbana é o resultado da interação dos fluxos dos deslocamentos das pessoas e bens no espaço urbano.

Segundo o Ministério das Cidades (Brasil, 2004d, p. 12-13), as principais diretrizes para a mobilidade urbana dos municípios são:
- diminuir o número de viagens motorizadas;
- repensar o desenho urbano, de modo a minimizar uso de carro ou reduzir a velocidade deste em áreas residenciais;
- promover o uso de meios não motorizados;
- valorizar os deslocamentos dos pedestres;
- proporcionar locomoção às pessoas com deficiência e restrição de mobilidade;
- priorizar o transporte coletivo;
- estruturar a gestão local, buscando municipalizar o trânsito, como estabelece o *Código de Trânsito Brasileiro*, e criando mecanismos de gestão compartilhada entre municípios conurbados ou pertencentes às mesmas regiões polarizadas.

Finalmente, é importante ressaltar o papel do Fundo Nacional de Infraestrutura de Mobilidade Urbana (Funam), o qual é ligado ao Ministério das Cidades e destina-se a financiar programas de infraestrutura de transportes urbanos.

Podemos concluir este capítulo argumentando que um bom planejamento de transporte acarreta benefícios socioeconômicos – como a diminuição de congestionamentos, o que garante melhor qualidade de tráfego e diminuição dos custos com combustíveis –, bem como benefícios ambientais, pela diminuição da poluição. Quando atingidas tais condições, o espaço da cidade apresenta melhorias pela qualidade do espaço público com menos carros, pelo incentivo de uso dos modais não motorizados e pela ampliação do espaço do pedestre, aumentando assim as áreas de convívio urbano.

Síntese

O transporte de qualidade é um dos principais meios de garantir direitos básicos aos cidadãos, uma vez que permite o acesso a serviços públicos, a equipamentos urbanos e ao mercado de trabalho. Apesar da crescente motorização individual nas cidades brasileiras, há cada vez mais estudos e leis que incentivam o planejamento urbano envolvendo múltiplos modos de transportes, com prioridade para os não motorizados e os coletivos. Além dos meios de transporte em si, as leis de uso e de ocupação do solo e a mobilidade urbana devem estar integradas, criando maior número de possibilidades de deslocamentos, mas reduzindo os deslocamentos motorizados.

Questões para revisão

1. Assinale a alternativa que completa, de forma correta, a afirmação: "Um dos principais desafios da mobilidade urbana hoje é _____".

    a) o preço dos carros.

    b) o crescimento da motorização individual.

    c) achar combustível barato.

    d) diminuir o preço da tarifa do ônibus.

2. Assinale a alternativa correta que completa a afirmação: "_____ da população brasileira sempre se deslocam a pé em percursos superiores a 500 metros".

    a) Mais de 35%.

    b) Apenas 5%.

c) Quase 100%.
d) Não se sabe quanto.

3. Assinale a alternativa correta que apresenta os três principais elementos no planejamento da mobilidade urbana:
a) Veículos, vias e infraestrutura.
b) Ônibus, avenidas e semáforos.
c) Bicicletas, ônibus e calçadas.
d) Ruas, calçadas e avenidas.

4. Qual instrumento legal guiará a política nacional para a mobilidade urbana?

5. Considerando-se a ocupação média de cada modo de transporte, qual polui mais: moto, carro ou ônibus?

Questão para reflexão

A crescente motorização é um dos principais desafios das cidades – não importa se grandes ou pequenas. O governo federal, pelo Estatuto da Cidade e pelo Projeto de Lei da Mobilidade Urbana, incentiva o planejamento de transporte não motorizado e coletivo. Porém, nos últimos anos a venda de automóveis cresceu impulsionada pelo mesmo governo, que reduziu os impostos para compra de carros. Reflita sobre a contradição entre os benefícios econômicos imediatos dessa medida e as consequências a longo prazo para as cidades.

capítulo sete

Desafios do planejamento na sociedade atual

Conteúdos do capítulo

São apresentados três desafios como exemplos daqueles que têm pela frente as cidades brasileiras nos próximos anos:

- Autossegregação: a outra face da periferização, com a construção de condomínios fechados nos arredores das cidades, cujos moradores usufruem de seus serviços mas não participam da vida urbana.
- Esvaziamento do centro: abandono de áreas centrais e ocupação de outros locais, que contam com serviços mais nobres, deixando com pouco ou nenhum uso setores dotados de infraestrutura.
- A cidade e o mercado: uma das inovações possíveis para as cidades é envolver instrumentos de gestão privada para o planejamento e gerenciamento dos espaços urbanos.

Após o estudo deste capítulo, você será capaz de:

1. entender alguns dos principais desafios urbanos contemporâneos;
2. observar as consequências negativas que a autossegregação e o esvaziamento das áreas centrais podem trazer à cidade.
3. perceber as oportunidades que surgem para dinamizar o planejamento urbano – no caso da aproximação, consciente dos riscos, com o setor privado.

Agora que chegamos ao final deste livro, podemos já antever que são muitos e crescentes os desafios para o planejamento urbano no contexto contemporâneo.

Observamos que a descentralização de poderes e de responsabilidades é maior. Há entre os municípios uma interdependência que se reflete nas relações socioeconômicas, mas que não encontra respaldo adequado nas leis ou em instâncias governamentais com funções executivas.

Podemos perceber também uma periferização crescente nas grandes cidades, tanto de pessoas sem recursos para morar nas áreas mais centrais quanto de pessoas ricas que buscam fugir dos problemas urbanos. O aspecto complicador desse processo é que essa periferização ocorre ao mesmo tempo em que os centros das cidades entram em decadência e se esvaziam.

Outro fator urbano perceptível é um benéfico aumento na autonomia dos municípios para se autogerirem, embora haja também, por outro lado, o desafio de gerar seus próprios recursos, o que faz com que agentes privados tornem-se atores importantes para a gestão municipal.

Ainda como elemento constitutivo do atual panorama urbano, notamos uma consciência crescente do fato de a urbe ter um impacto ambiental importante não só para o entorno imediato, mas também impactando populações a dezenas e mesmo centenas de quilômetros de distância, entre outros fatores.

✦ ✦ ✦

Enfim, não há como tratarmos de todos esses desafios aqui. Por isso, selecionamos apenas três deles, que levantam questões importantes para o planejamento e a gestão urbanos: a autossegregação; o esvaziamento das áreas centrais; o convívio necessário entre a cidade e o mercado.

✦ ✦ ✦

7.1 Desafio 1: autossegregação – a outra face da periferização

O processo de periferização diz respeito não somente à ocupação das bordas territoriais dos centros urbanos, mas também reflete, comumente, um processo de periferização socioeconômica. São as camadas da população que não têm condições financeiras de morar mais próximas aos centros (mas que deles dependem para o trabalho), que ocupam as áreas limítrofes das cidades, quando não cidades vizinhas que se tornam tão somente cidades-dormitório. Essas pessoas são segregadas do usufruto pleno da cidade. Isso é estudado como *segregação urbana*, fenômeno que deve ser combatido ao se buscar a oferta de condições equânimes para todos.

Mas há um fenômeno relativamente recente na história das cidades no Brasil: a *autossegregação*. Ela ocorre quando pessoas de classes sociais de alto poder aquisitivo agrupam-se em condomínios fechados, normalmente distantes dos centros urbanos. Esses enclaves de autossegregação têm se estendido para classes sociais medianas, ao se tornarem um objeto de desejo imobiliário.

Os habitantes dos condomínios de autossegregação usufruem dos benefícios de um polo urbano, como empregos, oportunidades de negócios, equipamentos privados de saúde e de educação, centros de comércio e serviços. Mas o fazem de maneira seletiva, sem se envolverem na vida da cidade. Ao final do dia, voltam para casa, ou seja, para os condomínios.

Afastados e, muitas vezes, implantados fora dos limites da cidade que usufruem, esses condomínios negam duas das características essenciais das cidades: a multiplicidade e a diversidade de extratos sociais.

Principalmente nas grandes cidades, vemos a consolidação de um padrão na forma urbana. As regiões mais centrais e consolidadas são habitadas pelas classes média e baixa. A classe média, sempre que pode, fortifica suas casas, com grades nas janelas, muros altos, segurança privada e sistemas de monitoramento 24 horas. A classe baixa, sem conseguir arcar com os custos do mercado imobiliário, localiza-se em regiões periféricas ou em *restos* urbanos – agrupa-se nas favelas, mora sob pontes ou apropria-se de terrenos abandonados ou invadidos. Já nos limites da cidade, milhares de pessoas, completamente excluídas dos benefícios da vida urbana, ocupam áreas irregulares sem acesso a serviços e equipamentos públicos, locais que frequentemente são áreas de mananciais e de proteção ambiental. Além dos limites da cidade, as classes alta e média-alta se autossegregam em condomínios fechados, em distâncias que lhes permitem usufruir da cidade-polo e, no entanto, também os resguardam dos problemas da cidade, que são os frutos justamente de uma sociedade diversificada e complexa.

♦ O processo de periferização diz respeito não somente à ocupação das bordas territoriais dos centros urbanos, mas também reflete, comumente, um processo de periferização socioeconômica. ♦

Esses condomínios de autossegregação sinalizam três questões importantes para o planejamento e a gestão urbanos: a insegurança e a falta de qualidade de vida nas cidades; lacunas de gestão na esfera intermunicipal, com benefícios ilusórios para os municípios; a criação de regras próprias tanto de uso e de ocupação do solo quanto de planos para aberturas de serviços nos condomínios.

A autossegregação é comumente pretendida pelos habitantes de classes alta e média-alta por razões de insegurança urbana e de falta de qualidade de vida nas cidades. Nos condomínios fechados eles se protegem da forma mais extrema, isolando-se da sociedade. Nesse isolamento voluntário, buscam criar condições de qualidade de vida que principalmente as grandes cidades brasileiras vêm perdendo, o que tipifica o abandono dos espaços públicos em decorrência, justamente, de falta de segurança e de qualidade espacial.

Há uma lacuna de gestão na esfera intermunicipal que permite que esses condomínios se instalem, trazendo benefícios ilusórios para os municípios. Para aqueles que os recebem em seu território, a vantagem para o município reduz-se quase que exclusivamente aos recursos dos impostos urbanos recolhidos. Esses moradores, com maior renda, porém, não usam o comércio ou os serviços, tampouco investem em negócios no município; por conseguinte, não incrementam a vida socioeconômica da cidade. Por outro lado, a cidade-polo – local onde esses moradores usam serviços mais especializados e trabalham, mas não moram – também não recebe a contribuição socioeconômica que deveria. Além disso, o deslocamento diário de tais cidadãos gera pelo menos três problemas ligados ao trânsito, com a movimentação de um maior número de veículos, que causa congestionamentos, polui o ar e requer investimentos em infraestrutura viária.

♦ ♦ ♦ ♦

A autossegregação é comumente pretendida pelos habitantes de classes alta e média-alta por razões de insegurança urbana e de falta de qualidade de vida nas cidades.

Principalmente quando o condomínio é grande, ele tende a ter regras próprias tanto de uso e ocupação do solo quanto de planos para aberturas de serviços que atendam aos seus moradores. É um planejamento dentro de outro planejamento. Claro que não podem ferir as leis municipais, mas essa sobreposição de legislações indica certa incapacidade dos órgãos gestores dos municípios afetados pelos condomínios de autossegregação (a cidade-hospedeira e a cidade-polo) de trabalharem em conjunto em uma questão que é nitidamente de escala interurbana ou metropolitana.

7.2 Desafio 2: o esvaziamento das áreas centrais

Observamos nas últimas décadas um processo de esvaziamento das áreas centrais das cidades, locais onde outrora pulsava a vida econômica, a social e a cultural dos municípios.

Se tradicionalmente era no centro das cidades onde estavam as atividades que necessitavam de maior acessibilidade, devido ao afluxo de pessoas, por sua característica de concentrar funções variadas e boa infraestrutura, aos poucos essa situação foi se transformando. A centralização das atividades fez com que em diversas cidades (isso ainda acontece nas médias e pequenas) fosse substituído o termo *centro* pela própria palavra *cidade*. Assim, as pessoas dizem que vão à *cidade*, quando, na verdade, já estão nela e vão, de fato, para a sua região central.

Mas novas formas de organização econômica e social fizeram com que as cidades tivessem que sistematicamente segmentar as atividades urbanas, visando à otimização da produção industrial, do comércio, da moradia e do lazer.

A centralidade urbana, outrora limitada a uma única região, foi pulverizada em vários outros *centros*. Muitas das vezes, isso se deu com a intenção de controlar um adensamento excessivo do centro, que prejudicava até o acesso. E nisso o zoneamento, instrumento essencial do planejamento urbano, foi eficaz. A ideia básica foi incentivar a criação de centros periféricos e fazer com que tanto os centros antigos como os novos se tornassem caracterizados por comércios e serviços mais especializados e menos multifuncionais (Villaça, 1998, p. 13).

> A perda da importância relativa do centro fez com que não apenas os investimentos privados diminuíssem, mas, em muitos casos, que o mesmo ocorresse com os investimentos públicos, que foram direcionados para outras áreas.

Nesse processo, tanto os setores da economia privada quanto o mercado imobiliário residencial começaram a buscar outras regiões para investir, abandonando as áreas centrais, principalmente nas grandes cidades. Todavia, o fenômeno se alastra para cidades médias, através de agrupamentos de empresas que buscam infraestrutura moderna, com desenho urbano mais adaptado aos meios de transportes mais velozes, o que impulsiona o mercado imobiliário, que começa a explorar essas regiões. Em contraposição, a população de menor renda, que não tem condições de adquirir os imóveis que vão se esvaziando na região central, instala-se nas periferias sem controle legal.

Se essa multicentralidade foi importante para o bom desenvolvimento de diversas cidades grandes brasileiras, que viam seu centro se densificar em infraestrutura, empreendimentos e afluxo de pessoas, com o tempo surgiu um fenômeno contrário: o esvaziamento das regiões centrais. Parece ter havido um binômio contraditório entre o abandono do *velho bom* – *as* áreas centrais estruturadas – e a construção do *novo ruim* –as periferias mal servidas (Ultramari; Duarte, 2006, p. 4).

A perda da importância relativa do centro fez com que não apenas os investimentos privados diminuíssem, mas, em muitos casos, que o mesmo ocorresse com os investimentos públicos, que foram direcionados para outras áreas. Isso gera um desperdício de recursos para toda a sociedade, pois as áreas centrais já contam com infraestrutura instalada que, com o esvaziamento, fica subutilizada. Também quanto à infraestrutura viária e ao transporte coletivo o desperdício é grande. Normalmente os centros contam com a melhor oferta de transporte coletivo da cidade, além de vias para transporte individual, que se tornam menos utilizados, enquanto as centralidades mais distantes passam a requerer esses mesmos serviços.

Diante do panorama de esvaziamento e desvalorização sofrido pelas áreas centrais, profissionais ligados ao planejamento e gestão urbanos, bem como moradores e empresários, em iniciativas conjuntas do poder público, além de empresas privadas e de organizações da sociedade civil, vêm se movimentando para resgatar os centros urbanos (Blascovi; Duarte, 2006).

✦ ✦ ✦

Na base dessas intervenções, observamos um forte discurso social: o da irracionalidade de termos, ao mesmo tempo, grandes periferias se expandindo e a subutilização de infraestruturas e serviços nas áreas centrais.

✦ ✦ ✦

A subutilização de áreas nos centros das cidades torna-se ainda mais preocupante quando situada em um contexto mais amplo de problemas urbanos. De um lado, o empobrecimento da população e, de outro, o fortalecimento de legislações de caráter urbanístico e ambiental que diminuem a oferta de terras para serem urbanizadas mostram ser uma atitude irracional mantermos áreas desocupadas nos centros urbanos já infraestruturados e com boa oferta de serviços públicos.

A reversão desse quadro exige a implementação de instrumentos de desenvolvimento urbano que permitam melhor articular as políticas habitacional, fundiária e ambiental. E essas políticas devem estar ancoradas em planejamentos urbanos que abranjam toda a cidade, tendo como objetivo garantir que seu uso seja socialmente justo e equilibrado. Essa reapropriação das áreas centrais – em propostas que envolvam a sociedade civil organizada, os empresários e os órgãos públicos – é fundamental para o desenvolvimento socioeconômico municipal, porque não deixa ao abandono as áreas providas de infraestrutura e serviços públicos, assegurando a sua função social.

7.3 Desafio 3:
a cidade e o mercado – um convívio necessário

Os interesses da Administração Pública e dos agentes privados são opostos em seus fundamentos. Enquanto a Administração Pública deve procurar uma distribuição socialmente equilibrada de oportunidades e de resultados, os agentes privados podem correr riscos quando buscam oportunidades (individualizadas) para aumentar seus lucros, pois estes servem de medida para o sucesso dos empreendimentos.

Nem por isso o público e o privado têm de atuar como antagonistas. Cabe aos agentes privados controlarem os meios de produção e a distribuição de produtos que influenciam na formação territorial, na geração de empregos e de benefícios sociais. Quando o setor público, depois que o Estado deixou de ter um cunho intervencionista em todas as instâncias – incluindo a indicação de prefeitos em capitais – e que os municípios ganharam autonomia inédita com a Constituição de 1988, passou a trabalhar mais próximo dos agentes do mercado, essa interligação passou a fazer parte do cotidiano da Administração Pública. Ela deve, portanto, estar presente no planejamento urbano. Isso porque a ação de agentes privados, desde o mercado imobiliário até o estímulo à geração de empregos nas indústrias, nos comércios e nos serviços, com consequentes melhorias para a população, é inerente à vida das cidades.

> Os interesses da Administração Pública e dos agentes privados são opostos em seus fundamentos.

Ocorrem três riscos se as relações entre Administração Pública e mercado não forem dotadas de instrumentos e de objetivos claros para o planejamento urbano. O primeiro risco deve-se à ausência de objetivos ou de instrumentos para lidar com o mercado, e, sob essas circunstâncias, este passa a agir livremente no território urbano, guiado estritamente por interesses econômicos, sem se importar (afinal não cabe a ele) com o desenvolvimento equilibrado da cidade. O segundo risco, que infelizmente não é raro, nesse vácuo legal e de instrumentos de negociação, pode acontecer quando pessoas que ocupam cargos públicos beneficiam-se individualmente de ações dos atores do mercado, seja por propinas, seja por permitirem uma ação no território urbano que os interessa individualmente mesmo que seja prejudicial à população. Por exemplo, permitir a construção de um empreendimento imobiliário em uma região distante e que demandará infraestrutura, mas que, coincidentemente, é próxima a áreas em que os políticos que aprovam a sua implantação também possuem terrenos.

O terceiro risco é a barganha. Uma empresa procura a prefeitura para instalar um empreendimento (se uma empresa faz isso é porque ela já realizou todos os cálculos para verificar que esse empreendimento dará lucro) em local onde não há regras claras se a instalação é permitida ou não. Então, para ser compensada por prováveis impactos do empreendimento, a prefeitura pede uma contrapartida: capinar uma praça. Isso não significa nada para o empreendedor particular e, pior, nada também para a cidade, afinal, a grama vai crescer. No entanto, quem tem experiência em prefeituras já viu essas *barganhas* acontecerem.

Ao considerarmos esses aspectos, um dos desafios das cidades é posicionar-se como um ator relevante nas negociações com o mercado. Isso significa ter objetivos claros, estar instrumentalizado para analisar as oportunidades do ambiente econômico para o município e, talvez o mais difícil, ser ativo na atração de investidores de diferentes portes para a cidade e não esperar que esta seja descoberta, mas mostrar para os empresários que vale a pena investir nela. Por vezes, isso requer uma reestruturação administrativa da prefeitura, mas certamente implicará a adoção de instrumentos de

> Um dos desafios das cidades é posicionar-se como um ator relevante nas negociações com o mercado.

análise e de técnicas de ação que não são comuns ao poder público, e sim mais afeitos ao mercado.

A cidade deve, portanto, ser capaz de se colocar não como receptáculo de ações do mercado, mas como um dos atores na cena econômica, sabendo que, para obter ganhos que se converterão em melhoramentos socioeconômicos para a sua população, deve aceitar entrar em um jogo cujas regras não estabelece, mas que deve compreender e instrumentar-se para agir de igual para igual.

Claro que não é a questão de transformar a cidade em uma empresa. Mas os desafios para atuar no mercado são verdadeiros e inescapáveis para o desenvolvimento urbano que tenha um *projeto* de cidade focado na articulação entre os agentes dos setores públicos e dos privados. Sendo que estes últimos têm todo o interesse em participar de *projetos de cidade*, já que os benefícios de infraestrutura, integração social, qualidade de vida e governabilidade asseguram melhorias diretas – como clareza de tributações e infraestrutura otimizada – e indiretas, como qualidade de vida urbana para funcionários e também para as empresas. Assim, as cidades devem deixar de ser apenas terrenos de ação inerte para se posicionarem como provedoras de oportunidades, visando a objetivos claros.

Os empresários estão interessados em saber como e quais oportunidades as cidades estão criando, para então definir seus investimentos. E não adianta reclamar que o empresariado não investe nas cidades. Lembremos: eles são empresários e aceitam correr riscos, mas só o farão isso se valer a *pena*. Logo, o primeiro passo para que tal aconteça é que eles entendam os propósitos da cidade. Para isso, o uso de uma linguagem clara e direta por parte dos gestores públicos é fundamental. E só então surgirá o interesse não apenas em se instalarem no local, mas também em investirem em um *projeto de cidade*.

Síntese

Este capítulo apresenta para discussão alguns desafios pelos quais passam as cidades contemporâneas, como a autossegregação ou periferização seletiva de alto padrão, o esvaziamento das áreas centrais e a possível aproximação da Administração Pública com instrumentos de gestão do setor privado.

Questões para revisão

1. Dos três desafios do planejamento urbano comentados, assinale a alternativa correta que indica uma possível aproximação com formas de gestão do setor privado:
   a) Autossegregação.
   b) Periferização.
   c) Esvaziamento das áreas centrais.
   d) Cidade e mercado.

2. Assinale a alternativa correta:
   a) A periferização é um fenômeno que afeta apenas as pessoas sem recursos financeiros, que não podem pagar imóveis em áreas mais centrais.
   b) A periferização é um problema que vem diminuindo nas cidades brasileiras.
   c) A periferização se dá tanto entre pessoas sem recursos financeiros para morar nas áreas mais centrais quanto entre pessoas ricas que buscam fugir dos problemas urbanos.

d) A periferização é um problema exclusivo das cidades com mais de 1 milhão de habitantes.

3. Leia as afirmações a seguir:

   I. "A centralidade urbana, outrora limitada a uma única região central, foi pulverizada em vários outros centros."
   II. "O esvaziamento das regiões centrais das cidades tem como causa o comércio eletrônico, feito pela internet."
   III. "A perda da importância relativa do centro fez com que os investimentos privados e públicos diminuíssem nessas áreas."

   Assinale a alternativa que sinaliza, de forma correta, se essas afirmações são verdadeiras ou falsas:
   a) Verdadeira; Verdadeira; Verdadeira.
   b) Verdadeira; Falsa; Verdadeira.
   c) Falsa; Verdadeira; Falsa.
   d) Falsa; Verdadeira; Verdadeira.

4. Quanto à infraestrutura urbana, qual problema o esvaziamento das áreas centrais traz ao município?

5. No que se refere aos transportes, que problema a periferização, tanto da classe baixa quanto da classe alta, traz ao município?

Questão para reflexão

Por que podemos considerar que um condomínio vertical, com 100 unidades habitacionais em uma área adensada, pode ser positivo para a cidade, enquanto um condomínio horizontal, também com 100 unidades habitacionais, pode ser negativo para a cidade?

Para concluir

O ponto principal que procuramos apresentar por meio de conceitos e exemplos, além de discussões, é que o planejamento urbano é um assunto interdisciplinar. Claro, os profissionais das outras áreas poderiam argumentar que seus temas também abarcam diferentes disciplinas.

Isso é verdade. Mas não é esse o ponto para o planejamento urbano. O ponto é que não existe planejamento urbano que prescinda da participação efetiva de profissionais de áreas distintas. Isso fica claro quando apresentamos as dimensões do planejamento urbano. Além de aspectos teóricos que justificam o fato de havermos colocado cada uma dessas dimensões (ambiental, econômica, social, infraestrutural, gerencial e territorial), mostramos que, de fato, elas já se refletem nos órgãos públicos municipais que lidam com a cidade.

Devemos encarar a interdisciplinaridade no planejamento urbano menos como um trunfo de autovalorização e mais como uma declaração de humildade. Quem quer lidar com o urbano sabe que precisa da colaboração de profissionais de diversas áreas para, então, juntos planejarem, construírem e gerirem uma cidade melhor para todos.

Vimos também que, apesar dessa interdisciplinaridade, há uma área de estudo específica devotada à constituição de ferramentas legais, econômicas e administrativas que possibilitem que o planejamento urbano seja feito de modo eficiente e, ao mesmo tempo, permita a participação da população que vive nas cidades em todas as suas fases.

Essas ferramentas têm, no Brasil, como marco referencial avançado o Estatuto da Cidade, que regulamenta os arts. 182 e 183 da Constituição de 1988, determinando que todas as cidades com mais de 20 mil habitantes tenham planos diretores. Ao lado dessa determinação, o Estatuto oferece diversos instrumentos que permitem aos gestores públicos realizarem esse trabalho com a participação efetiva da população, bem como dá ao corpo técnico envolvido maneiras de propor soluções inovadoras às cidades.

O plano diretor é, por excelência, o instrumento legal do *planejamento urbano*. Destacamos, porém, que não se trata de se fazer um plano urbanístico acabado em si, mas um planejamento urbano. Este, como todo planejamento, é um processo que não se encerra com um documento final, mas que continua com as avaliações e as alterações periódicas que devem acompanhar a dinâmica urbana, a qual extrapola os limites do município. E, mesmo que seja na escala do município, em que grande parte dos processos de planejamento urbano se efetiva, vimos que há uma interdependência entre os municípios, bem como entre forças de níveis estaduais, nacionais e internacionais que implicam diretamente a dinâmica urbana.

Portanto, se não cabe à equipe envolvida no planejamento urbano interferir em dinâmicas socioeconômicas em escalas que ultrapassam a escala do município, ela não pode deixar de levá-las em consideração.

Assim, ao concluirmos, retomamos o argumento com que iniciamos este livro: parece-nos óbvio que o urbano não pode ser confundido com uma categoria administrativa (como o município), tampouco com a manifestação concretizada de uma forma de agrupamento humano (cidade). O urbano é, antes, e sobretudo, uma relação dinâmica entre forças e atores de diferentes escalas e propriedades que se manifestam em um determinado território. Por isso, esta obra lançou conceitos, abriu discussões e apresentou a você instrumentos técnicos para o planejamento urbano. Mas de posse de tudo isso, um mote não pode deixar de estar onipresente no trabalho dos planejadores urbanos: *planejamento é bom senso*.

Referências

ACIOLY, C.; DAVIDSON, F. *Densidade urbana*: um instrumento de planejamento e gestão urbana. Rio de Janeiro: Mauad, 1998.

ALMEIDA, M. A. R. *O centro da metrópole*: reflexões e propostas para a cidade democrática do século XXI. São Paulo: Terceiro Nome; Viva o Centro; Imprensa Oficial do Estado, 2001.

BAENINGER, R. A nova configuração urbana no Brasil: desaceleração metropolitana e redistribuição da população. In: XI ENCONTRO NACIONAL DE ESTUDOS POPULACIONAIS - ABEP, 1998, Caxambu. *Anais eletrônicos*... Belo Horizonte: Abep, 1998. Disponível em: <http://www.abep.nepo.unicamp.br/docs/anais/PDF/1998/a150.pdf>. Acesso em: 13 mar. 2007.

BENÉVOLO, L. *A cidade e o arquiteto*. São Paulo: M. Fontes, 1984.

BLASCOVI, K.; DUARTE, F. La desocupación de los centros urbanos y la tipología de las viviendas: el mercado inmobiliario en Curitiba. *Revista INVI*, Santiago, v. 21, p. 11-25, 2006.

BLUME, R. *Território e ruralidade*: a desmistificação do fim do rural. Dissertação (Mestrado em Desenvolvimento Rural) – Universidade Federal do Rio Grande do Sul, Porto Alegre, 2004.

BRASIL. Decreto-Lei nº 311, de 2 de março de 1938. *Coleção de Leis da República Federativa do Brasil*, Brasília, DF, v. 1, p. 438, 1938. Disponível em: <http://www6.senado.gov.br/sicon/ExecutaPesquisaLegislação.action>. Acesso em: 11 mar. 2007.

_____. Instituto de Pesquisa Econômica Aplicada. *Impactos sociais e econômicos dos acidentes de trânsito nas aglomerações urbanas brasileiras*. Brasília: Ipea; ANTP, 2004a. Disponível em: <http://www.ipea.gov.br/sites/000/2/estudospesq/acidentesdetransito/Renavam.pdf>. Acesso em: 23 jul. 2007.

_____. Lei nº 4.117, de 27 de agosto de 1962. *Diário Oficial da União*, Poder Legislativo, Brasília, DF, 5 out. 1962. Disponível em: <http://www.planalto.gov.br/ccivil_03/Leis/L4117.htm>. Acesso em: 23 jul. 2007.

_____. Lei nº 6.766, de 19 de dezembro de 1979. *Diário Oficial da União*, Poder Legislativo, Brasília, DF, 20 dez. 1979. Disponível em: <http://www.planalto.gov.br/ccivil_03/Leis/L6766orig.htm>. Acesso em: 27 fev. 2007.

_____. Lei nº 6.938, de 31 de agosto de 1981. *Diário Oficial da União*, Poder Legislativo, Brasília, DF, 2 set. 1981. Disponível em: <http://www.planalto.gov.br/ccivil_03/Leis/L6938.htm>. Acesso em: 27 fev. 2007.

_____. Lei nº 9.472, de 16 de julho de 1997. *Diário Oficial da União*, Poder Legislativo, Brasília, DF, 17 jul. 1997a. Disponível em: <http://www.planalto.gov.br/ccivil_03/Leis/L9472.htm>. Acesso em: 26 fev. 2007.

_____. Lei nº 10.257, de 10 de julho de 2001. *Diário Oficial da União*, Poder Legislativo, Brasília, DF, 11 jul. 2001. Disponível em: <http://www.planalto.gov.br/ccivil_03/Leis/LEIS_2001/L10257.htm>. Acesso em: 27 fev. 2007.

BRASIL Lei nº 10.406, de 10 de janeiro de 2002. *Diário Oficial da União*, Poder Legislativo, Brasília, DF, 11 jan. 2002a. Disponível em: <http://www.planalto.gov.br/ccivil_03/Leis/2002/L10406.htm>. Acesso em: 27 fev. 2007.

BRASIL. Ministério das Cidades. Disponível em: <http://www.cidades.gov.br> Acesso em: 4 fev. 2011.

_____. Associação Nacional de Transportes Públicos. *Perfil da mobilidade, do transporte e do trânsito nos municípios brasileiros*. Brasília, 2004b. Disponível em: <http://www.criancasegura.org.br/downloads/pesquisa/Relatorio%204.pdf>. Acesso em: 23 jul. 2007.

_____. *Classificação (tipologia) das cidades brasileiras*. Brasília, DF, 2005. Disponível em: <http://www.ippur.ufrj.br/observatorio>. Acesso em: 23 jul. 2007.

_____. *Pesquisa Plano Direto Participativo*. Agosto de 2007. Disponível em: <http://www.cidades.gov.br/secretarias-nacionais/publicacoes-institucionais/pesquisaPDPparaocominte102007.pdf>. Acesso em: 4 fev. 2011.

_____. *Plano diretor participativo*. Brasília, DF, 2004c. 160 p.

_____. Secretaria Nacional de Transporte e da Mobilidade Urbana. Brasília, DF, 2004d.

_____. Secretaria Nacional de Transporte e da Mobilidade Urbana. Departamento de Regulação e Gestão. *Anteprojeto de Lei, de 6 de julho de 2006a*. Disponível em: <http://www.cidades.gov.br/media/APLMobUrb060706cm.pdf>. Acesso em: 23 jul. 2007.

BRASIL. Ministério da Saúde. *Indicadores e dados básicos* – Brasil. Brasília, DF, 2006b. Disponível em: <http://tabnet.datasus.gov.br/cgi/idb2006/matriz.htm>. Acesso em: 23 jul. 2007.

_____. Ministério do Meio Ambiente. *Resolução nº 237, de 19 de dezembro de 1997b*. Disponível em: <http://www.mma.gov.br/port/conama/res/res97/res23797.html>. Acesso em: 23 jul. 2007.

BRASIL. Ministério do Planejamento, Orçamento e Gestão. Instituto Brasileiro de Geografia e Estatística. *Censo demográfico*. Brasília: IBGE, 2000.

_____. Instituto Brasileiro de Geografia e Estatística. *Pesquisa Nacional de Saneamento Básico 2000*. Rio de Janeiro, 2002b. Disponível em: <http://www.ibge.gov.br/home/estatistica/populacao/condicaodevida/pnsb/pnsb.pdf>. Acesso em: 23 jul. 2007.

_____. *Projeto de Lei nº 3.057/2000, de 06 de dezembro de 2006c. Portal da Câmara dos Deputados*. Disponível em: <http://www.camara.gov.br/sileg/Prop_Detalhe.asp?id=338244>. Acesso em: 11 mar. 2007.

_____. Sistema Nacional de Informações sobre Saneamento: diagnóstico dos serviços de água e esgotos. Brasília: Ministério das Cidades/SNSA, 2010. Disponível em: <www.snis.gov.br>. Acesso em: 7 dez. 2010.

CALDEIRA, T. p. *Cidade de muros*: crime, segregação e cidadania em São Paulo. São Paulo: Edusp, 2000.

DUARTE, F.; FREY, K. Autossegregação e a gestão das cidades. *Ciências Sociais em Perspectiva*, Cascavel, v. 5, n. 9, p. 109-119, 2º semestre de 2006.

EMBRATEL. Empresa Brasileira de Telecomunicações. Disponível em: <http://www.embratel.com.br>. Acesso em: 23 jul. 2007.

FAMÍLIAS conseguem usucapião coletivo de área invadida em RO. *Consultor jurídico*, 20 jun. 2008. Disponível em: <http://www.conjur.com.br/2008--jun-20/familias_usucapiao_coletivo_area_invadida>. Acesso em: 7 dez. 2010.

GOUVÊIA, R. G. *A questão metropolitana no Brasil*. Rio de Janeiro: FGV, 2005.

HOUAISS, A.; VILLAR, M. S. *Dicionário Houaiss da Língua Portuguesa*. Rio de Janeiro: Objetiva, 2001.

IBGE – Instituto Brasileiro de Geografia e Estatística. *Censo Demográfico 2000 – Resultados do Unicenso*. Disponível em: <http://www.ibge.gov.br/home/estatistica/população/censo2000/tabelabrasil111.html>. Acesso em 4 fev. 2011.

IBGE - Instituto Brasileiro de Geografia e Estatística. *Tabela 1 - Taxa média geométrica de crescimento anual da população residente, segundo as Grandes Regiões e Unidades da Federação - 1950/2000*. Disponível em: <http://www.ibge.gov.br/home/estatistica/populacao/tendencia_demografica/tabela01.shtm>. Acesso em: 11 fev. 2011.

LARBI, G. The New Public Management Approach and Crisis States – discussion paper 112. Genebra, *United Nations Research Institute for Social Development*, Sept. 1999. Disponível em: <http://www.pogar.org/publications/other/unrisd/dp112.pdf>. Acesso em: 8 dez. 2010.

LEFÈBVRE, H. *A revolução urbana*. Belo Horizonte: Ed. da UFMG, 2002.

LIBARDI, R.; SÁNCHEZ, K.; DUARTE, F. *Introdução à mobilidade urbana*. Curitiba: Juruá, 2007.

MEIRELLES, H. L. *Direito municipal brasileiro*. 6. ed. São Paulo: Malheiros, 1993.

PARANÁ (Estado). Companhia de saneamento do paraná. Gestão ambiental e cidadania. Disponível em: <http://www.sanepar.com.br>. Acesso em: 23 jul. 2007.

PREFEITURA MUNICIPAL DE ALEGRETE. Disponível em: <http://www.alegrete.rs.gov.br>. Acesso em: 20 jul. 2007a.

PREFEITURA MUNICIPAL DE ALTO PARAÍSO. Disponível em: <http://www.altoparaiso.ro.gov.br>. Acesso em: 20 jul. 2007.

PREFEITURA MUNICIPAL DE CUIABÁ. Disponível em: <http://www.cuiaba.mt.gov.br>. Acesso em: 20 jul. 2007.

PREFEITURA MUNICIPAL DE ITÁPOLIS (SP). Secretarias Municipais de Habitação. Disponível em: <http://www.itapolis.sp.gov.br>. Acesso em: 1º ago. 2007.

PREFEITURA MUNICIPAL DE QUIXERAMOBIM. Disponível em: <http://www.quixeramobim.ce.gov.br/>. Acesso em: 20 jul. 2007.

PREFEITURA MUNICIPAL DE VITÓRIA. Disponível em: <http://www.vitoria.es.gov.br>. Acesso em: 20 jul. 2007.

PREFEITURA MUNICIPAL DO RIO DE JANEIRO. Disponível em: <http://www.rio.rj.gov.br>. Acesso em: 20 jul. 2007.

REGINA, I. C. Economia urbana. Redes urbanas de transporte para pessoas e mercadorias. *Revista dos Transportes Públicos*, São Paulo, n. 95, p. 27-30. 2º trimestre 2002.

REZENDE, D.; CASTOR, B. V. J. Planejamento estratégico municipal. Rio de Janeiro: Brasport, 2006.

RIO DE JANEIRO (Estado). *Secretaria de Estado do Ambiente*. Disponível em: <http://www.ambiente.rj.gov.br>. Acesso em: 23 jul. 2007.

SALES, p. M. R. Operações urbanas em São Paulo: crítica, plano e projetos. *Arquitextos – Vitruvius*, ano 05, n. 059.07, abr. 2005. Disponível em: <http://www.vitruvius.com.br/revistas/read/arquitextos/05.059/476>. Acesso em 07 dez. 2010.

SECCHI, L. Modelos organizacionais e reformas da Administração Pública. *Revista de Administração Pública*, v. 43, n. 2, p. 347-369, mar./abr. 2009.

SILVA, A.; COSTA, G.; PAMPOLHA, V. Economia urbana. Uma avaliação do consumo de energia por transporte nas capitais brasileiras. *Revista dos Transportes Públicos*, São Paulo, n. 91, 2º trimestre 2001.

SOUZA, M. J. L. *Mudar a cidade*: uma introdução crítica ao planejamento e à gestão urbanos. Rio de Janeiro: Bertrand Brasil, 2002.

ULTRAMARI, C. Significados do urbanismo. *Revista do Programa de Pós-Graduação em Arquitetura e Urbanismo da FAUUSP*, São Paulo, n. 25, p. 166-184, jun. 2009.

ULTRAMARI, C.; DUARTE, F. Esvaziamento demográfico e permanência de centralidades. In: ENCONTRO NACIONAL DE ESTUDOS POPULACIONAIS – ABEP, 15., 2006, Caxambu. Anais eletrônicos... Belo Horizonte: Abep, 2006. Disponível em: <http://www.abep.nepo.unicamp.br/encontro2006/docspdf/ABEP2006_297.pdf>. Acesso em: 23 jul. 2007.

VASCONCELOS, A. M. et al. Da utopia à realidade: uma análise dos fluxos migratórios para o aglomerado urbano de Brasília. In: ENCONTRO NACIONAL DE ESTUDOS POPULACIONAIS – ABEP, 15., 2006, Caxambu. *Anais eletrônicos...* Belo Horizonte: Abep, 2006. Disponível em: <http://www.abep.nepo.unicamp.br/encontro2006/docspdf/ABEP2006_299.pdf>. Acesso em: 23 jul. 2007.

VASCONCELLOS, E. A. O transporte urbano do século 21. *Revista dos Transportes Públicos*, São Paulo, n. 96, p. 95-122, 3º trimestre 2002.

VEIGA, J. E. *Cidades imaginárias*. O Brasil é menos urbano do que se calcula. Campinas: Autores Associados, 2002.

_____. Nem tudo é urbano. *Ciência e Cultura*, São Paulo, v. 56, n. 2, p. 26-29, abr./jun. 2004.

VILLAÇA, F. *Espaço intraurbano no Brasil*. São Paulo: Studio Nobel, 1998.

WILHEIM, J. *O substantivo e o adjetivo*. São Paulo: Perspectiva, 1979.

Respostas

Capítulo 1

Questões para revisão

1. d
2. a
3. b
4. Na Câmara Municipal.
5. As vantagens na aplicação dos dois diferentes impostos territoriais, o Imposto Predial Territorial Urbano (IPTU) e o Imposto Territorial Rural (ITR).

Capítulo 2

Questões para revisão

1. a
2. b
3. d
4. Territorial.
5. Além da relativa novidade da questão para o planejamento urbano e para a sociedade como um todo, a dimensão ambiental é um tema transversal, que causa impacto direto em algumas áreas e sofre impacto direto de outras.

Capítulo 3

Questões para revisão

1. d
2. a
3. b
4. Usucapião especial de imóvel urbano.
5. Para responder a esta questão, leia a letra *b* do item 3.1.

Capítulo 4

Questões para revisão

1. a
2. c
3. a
4. Dimensão no plano horizontal do lote; dimensão vertical; coeficiente de aproveitamento; taxa de ocupação; recuos.
5. Territorial.

Capítulo 5

Questões para revisão

1. d
2. a
3. d
4. Sudeste.
5. Infraestrutura, equipamentos urbanos e serviços.

Capítulo 6

Questões para revisão

1. b
2. a
3. a
4. O Estatuto da Mobilidade Urbana.
5. Moto.

Capítulo 7

Questões para revisão

1. d
2. c
3. b
4. Acontece um desperdício de recursos, pois as áreas centrais já contam com uma infraestrutura que fica subutilizada devido ao esvaziamento.
5. Normalmente os centros contam com a melhor oferta de transporte coletivo da cidade e vias para transporte individual, que se torna menos utilizado, enquanto as centralidades mais distantes passam a requerer esses mesmos serviços.

Sobre o autor

Fábio Duarte é arquiteto e urbanista graduado pela Universidade de São Paulo (USP), onde também fez doutorado em Comunicação. Além disso, é mestre em Multimeios pela Unicamp. Foi pesquisador de doutorado em Planejamento e Desenvolvimento Urbano na Universidade Laval, em Quebec, Canadá, e em Geografia, na Universidade Sorbonne, em Paris, França. É professor do mestrado em Gestão Urbana da Pontifícia Universidade Católica do Paraná (PUC-PR). Também é consultor em planejamento urbano e estratégias de mercado, tendo desenvolvido projetos em todo o Brasil. Foi convidado como consultor e palestrante em planejamento urbano na França, Vietnã e Colômbia. É autor, entre outros, dos livros *Crise das matrizes espaciais: arquitetura, cidades, geopolítica, tecnocultura* e *Introdução à mobilidade urbana*.

Impressão: Cargraphics
Agosto/2012